万川
reflections

一步万里阔

进退之间

Opting Back In

What Really Happens When Mothers Go Back to Work

Pamela Stone
Meg Lovejoy

女性重返职场的特权与矛盾

[美] 帕梅拉·斯通 [美] 梅格·拉夫乔伊——著
许雅淑 李宗义——译

中国工人出版社

图书在版编目（CIP）数据

进退之间：女性重返职场的特权与矛盾 /（美）帕梅拉·斯通，（美）梅格·拉夫乔伊著；许雅淑，李宗义译. —北京：中国工人出版社，2023.9
书名原文: Opting Back In: What Really Happens When Mothers Go Back to Work
ISBN 978-7-5008-8257-2

Ⅰ. ①进… Ⅱ. ①帕… ②梅… ③许… ④李… Ⅲ. ①女性—家庭社会学 Ⅳ. ①C913.11

中国国家版本馆CIP数据核字（2023）第169389号

著作权合同登记号：图字01-2023-2982

进退之间：女性重返职场的特权与矛盾

出版人	董　宽
责任编辑	邢　璐
责任校对	张　彦
责任印制	黄　丽
出版发行	中国工人出版社
地　址	北京市东城区鼓楼外大街45号　邮编：100120
网　址	http://www.wp-china.com
电　话	（010）62005043（总编室）　（010）62005039（印制管理中心） （010）62001780（万川文化项目组）
发行热线	（010）82029051　62383056
经　销	各地书店
印　刷	北京盛通印刷股份有限公司
开　本	880毫米×1230毫米　1/32
印　张	9.375
字　数	200千字
版　次	2023年10月第1版　2024年1月第2次印刷
定　价	58.00元

别想着让女性适应这个世界，而是要让世界适应女性。

——格洛丽亚·斯泰纳姆（Gloria Steinem）

献给露丝·赛德尔（Ruth Sidel），以此纪念她的真诚、聪颖、睿智与正直，以及她温文儒雅的指导，让许多女性的职业生涯更上一层楼，包括我自己。

——帕梅拉·斯通（Pamela Stone）

献给我的母亲，她坚定不移、热情洋溢，既是先驱，也是典范。

——梅格·拉夫乔伊（Meg Lovejoy）

译 序

世界银行数据显示，2022 年中国女性劳动参与率为 61.31%，相较于日本与美国的女性劳动率分别为 54%和 56%，中国女性劳动率显然较高。但如果进一步从发展趋势来看，中国女性劳动率是从 1990 年的 73.09% 下降至 2022 年的 61.31%，而日本是从 2012 年的 48%逐步回升，还有美国女性就业率也呈长期稳定上升趋势。中国女性就业率持续下降，这是值得我们关注的议题。究竟影响女性进入职场与离开的原因为何？年龄、教育程度、婚姻和生育以及职业类别对于女性参与劳动是否有其影响？离开职场之后是否有重返的可能？这些细致问题的追问，不仅涉及女性个人职业生涯的规划与选择，也牵扯到整个社会对于女性角色的认知与支持。

随着女权运动 / 女权主义从 20 世纪 60 年代逐步改变女性在社会结构中的弱势与处境之后，女性的事业天职与家庭归宿，也就成为一个萦绕在所有社会中不可回避的冲突与矛盾，这之中有男女传统角色的辩论，也有女性对于自身理想的家庭与事业何者为重的内心挣扎。这个挣扎具体表现在生育选择、养育方式以及职业生涯等各种现实生活的难题。生不生？生几个？生了之后谁带？养育小孩的成本？要不要辞职返家带娃？辞职之后还能重返职场吗？不同于大部分的研究从数据的角度作出统计分析，美国两位社会学家帕梅拉·斯通（Pamela Stone）、梅格·拉夫乔伊（Meg Lovejoy）以田野追踪访谈的方式，试着深入女性离开职场与重返职场的心路历程，书写详尽的民族志，并且从女性选择重返职场的策略，探索工作对于女性的意义。家庭工作间的平衡与取舍如何影响职场妈妈在重返职场后的角色，她们如何向自己年轻时的事业理想妥协，又是如何在工作的选择上兼顾家庭与个人生命价值。最终，作者从这些过来人的生命历程，反思一个善待女性与家庭的职场环境该如何安排，制度该如何设计，社会观念又该如何改变，借此指出一条可能的实现路径。

离开职场的原因：是偏好选择还是被迫离开？

本书是美国两位社会学家对于精英女性的追踪研究，她们访谈十年前离开职场的精英妈妈，在这十年间过得如何？她们的家庭幸福美满吗？放弃工作返家相夫教子的日子，真的是她们心之所向吗？当抚养孩子长大之后，她们都想要重返职场，但这条重返之路并不顺遂，几乎都很难回到以往事业的巅峰，如今回头看当初毅然放弃大好前途是否值得？是否后悔？这本书用扎实的研究调查与深度访谈勾勒出这群精英女性从职场回到家庭、再从家庭重返职场的心路历程，分析她们各种重返职场策略的意义，并从理论的角度提出个人行动的理性选择如何巩固并再生产既有的社会不平等结构。

这场横跨十年的追寻，必须从作者的第一本书谈起。作者于2007年出版《精英妈妈想辞职？》(*Opting Out? Why Women Really Quit Careers and Head Home*)，探讨了精英阶层的女性为何“选择”离开职场返回家庭。记者丽莎·贝尔金（Lisa Belkin）在21世纪初期，针对精英女性“选择离开职场的浪潮”（opt-out revolution）撰写了一篇报道，指出从顶尖名校毕业的女性选择退出职场的比例高于一般学校毕业的女性。令人不解的是，这群女性的优秀条件理应更有利于她们在职场大放异彩，为何她们选择放弃职业生涯，这背后有什么难以道出的苦衷吗？贝尔金认为此现象反映的是新传统主义的兴起，女性选择回归家庭是因为偏好而不是出于无奈。这种说法也进一步影响了大众媒体的论点。但在本书中，作者认为女性自主选择的神话，其实经不起实证研究的检验，许多女性实则“被迫”而非自主选择辞职回家。

作者提出，精英女性之所以会选择离开职场，是因为精英职业的职场结构强度和生态环境都不利于女性发展，高工时的职场文化以及同为精英阶层的丈夫基本上并不能分担家务；这两个因素加起来产生了高强度压力的两端束缚，使得女性无法兼顾工作和养育子女。于是，退出职场、返回家庭成了精英女性解决工作与家庭冲突的方式。

重返职场的漫漫长路

本书延续第一本书的议题，作者找回第一本书的研究对象，研究同一群女性的生命发展轨迹，走过她们的30岁、40岁和50岁，看她们经历职场高峰、成家生子到重返职场。作者通过漫长的观察与研究，了解这些女性选择离开职场以及如何重新返回职场的真实样貌。作者发现，几乎所有受访女性都想要回到职场，这也证明了上一本书的论点，这些精英妈妈并非因为个人偏好或传统家庭价值的兴起而选择退出职场，一旦卸下家庭照顾的压力，她们还是想要去上班。然而，她们的调查研究也发现这些女性并没有后悔离开职场，大部分人都觉得自己离职后过着幸福快乐的日子，因为她们得以陪伴孩子成长，得以参与孩子学校与生活的大小事。可是当孩子渐渐长大，这些精英妈妈想要重返职场时，并没有一路顺遂，虽然她们相较于其他阶层的女性拥有更多的资源（特权），但如今要重返事业的巅峰也是一种奢望了。作者感叹：“她们重返职场后取得的成就与她们原先有可能达到的成就，形成了鲜明的对比，而她们重返职场的漫漫长路，则提醒着大家她们失去的岁月与才华。”

在精英阶层之外？男性的角色？

本书探讨的是精英阶层的两难，但这本书没有提到的其他阶层，更是无法逃脱家庭与工作之间的拉扯。尤其是中下阶层的女性即使蜡烛两头烧成灰烬，依旧没有退出职场的选择与自由。作者提到，从历史上来看，美国非白人女性一直无法拥有与那些有特权的白人女性同样的经济机会，得以成为百分之百的家庭主妇。作者解释选择中上阶层的女性作为分析对象是因为这些精英妈妈最有机会、最有条件在职场上取得成功、弭平性别差距造成的成就落差，但她们却选择回到家庭，反而加剧并扩大整体的性别不平等。可是，如果这些精英女性最后的选择是留在职场，难道就能翻转职场上的性别差距，就能改善家庭与工作的两难困境吗？

本书讨论以受过高等教育的女性为主，却忽略了宏观社会家庭结构与男性角色转变的影响。事实上，问题不是女性从职场上退出开始，而是从女性进入职场就点燃了工作和家庭之间的矛盾冲突，现代女性随着教育程度提高，在职场上的成就以及自我实现的渴望也不落男性，双薪家庭逐渐成为当代社会的多数。从 20 世纪晚期开始，女性劳动参与率的提高促使家庭中的性别角色慢慢出现结构上的改变，女性走入职场一方面提升了女性在家中的地位，另一方面也开始期待男性从事更多的亲职教养或家务工作，出现了“好先生”“新父亲”(new father) 的理想。“新父亲”跟“理想母职”所反映的都是社会期待，无论男女都要面对兼顾（工作与家庭）是未来父母职角色的新挑战，家庭与工作成为现代职业男女的共同两难，当全心投入工作时对家庭会产生内疚，但过于投入家庭照顾时，势必会影响工作经济方面的成就。

工作目的与家庭及工作的平衡

关于工作与家庭之间的冲突，霍奇希尔德（Ariel Hochschild）在《时间束缚：当工作变成家庭而家庭变成工作》（*The Time Bind : When Work Becomes Home and Home Becomes Work*）一书中有更细致的分析，她研究名列美国《财富》前 500 大公司中的双薪家庭，如何处理家庭中的分工矛盾。几乎每一个人都告诉她，“我把家庭摆在第一位”。但她认为，这些美国中产的双薪家庭事实上都投入很长的时间在工作上，“并不是因为雇主要求或财务问题，而是因为他们认为自己的工作，比起家庭生活更重要”。受访者均指出职场能提供的帮助和成就感都比家庭更多，对于许多员工来说，工作已经不是支持员工真实生活的一个工具，工作本身反而成为目的。因此，双薪父母并不是被迫而是自愿地像磁铁一样黏着工作，家庭反而成为压力最大的地方。这挑战了我们关于工作与家庭冲突的预设，事实上，工作已经取代过去家庭的很多功能，成为个人（无论男女）情感的寄托与成就认同的所在，对于许多焦头烂额的父母来说，家已经变成了一个没有乐趣的地方，做饭、打扫卫生，甚至育儿也以一种坚定的、几乎是泰勒式讲求效率的方式进行，许多传统家庭中的女性角色被“外包”给保姆、外卖餐馆、房屋清洁服务甚至心理治疗师，以应对时间紧迫的问题。当女人走进职场时，可能会体会到工作带来的实质利益与尊严，慢慢地也将工作而非家庭视为自我成就的主要部分，工作的成就越高，家庭的传统功能与价值越弱化，这从当代离婚率高涨、家庭解组现象频传可以佐证，而小孩永远是这场社会文化变迁下的牺牲者。霍奇希尔德在这本书中延续了《职场妈妈不下班》的概念并提到职业妇女的“第三轮班”，是要投入时间修补上班对家庭关系，包括对孩子与配偶造成的情感损害。这本书的分析显然不是女性主义者所乐见的结果，却是真实的现状，当男女双方的工作都很重要时，家庭的存在似乎就成为另一种负担，而非躲避上班压力可以放松身心的避风港。

如果将家庭视为压迫女性的牢笼，那男人怎么会甘愿回到被压迫的场域，当女性走出家庭之际，难道又真的希望另一半完全回到家庭吗？事实并不然，每一位女性都希望另一半能分担家务，但没有一位女性希望另一半真的完全撤离职场、全心全意投入家庭成为“家庭主夫”。研究指出，女性较男性更无法接受家庭主夫，男性虽然可以接受自己成为家庭主夫，但却碍于社会观感以及经济的性别角色，而不敢实际行动。这些研究揭露了巩固性别结构的行动者从来就不只是单一性别，就像职业妇女的出现也引起全职家庭主妇的焦虑，家庭主妇羡慕职业妇女的自由、有专业身份与职业地位。职业妇女越成功也越隐含着全职家庭主妇的工作并非那么无可取代。事实上，女性主义的发展应该推进了两个重要的方向，一是性别平等、女性拥有的自主性，可以发挥自己的潜能；二是强调家务劳动的重要以及照顾工作的价值。然而，家务劳动和照顾工作却在女性走出家庭之后更被边缘化、贬抑化，这过程中也意外地牺牲了家庭的功能与价值。

现代社会结构的困境一直根植于资本主义和父权体制的双重压迫，面对家庭和工作的撕裂，我们都像莎翁笔下的哈姆雷特一样踌躇不前、摇摆不定。每一个选择都是牺牲，每一步的去留都是遗憾。我们看待这些女性的生命轨迹不能只用社会统计的数据来衡量，她们的牺牲也不能只用传统性别分工一笔勾销，我们要知道这些女性的每一个决定，绝对不只影响自己的生命，还攸关着一个个家庭的完整和我们下一代的人生。

如果这个社会让我们一直没办法在家务劳动和照顾工作中找到认同与价值，那无论是让男性还是女性回到家庭都不公平。如果整个社会都能重视家务劳动与照顾工作的价值，并且能由衷感谢付出者的辛劳，那是谁回到家庭都一样值得被肯定。家庭是孕育生命成长以及安顿退休后生活的场所，贯穿人生的起点与终点，应该是让人最放松自在之所在，工作或许可以带来耀眼的成就与经济上的满足，但传统社会中的职业工作一直是满足家庭生活的手段，或许传统男性不会分担家务，但他们工作的收入与目的都是投入家庭，他们从来不需要在工作和家庭之间做选择，因为家庭就是工作的意义。随着时代的转变，工作和家庭的关系与意义也在改变，曾几何时，家庭不再是工作的目的而是阻碍，成为所有人的两难。

致　谢

首先，我们深深感谢让本书得以出版的四十三位女性，她们慷慨地分享自己的故事，而且不止一次，而是两次。她们针对我们十年前首次登门造访以来的生活如何开展，表现出的反思及令人讶异的坦率，构成了本项研究的基石。

然而，如果不是斯通在大学与研究生院的学生组成一支杰出的研究团队，我们可能永远无法访问到这些女性，团队成员有纽约市立大学亨特学院（Hunter College）的 Katherine Cross、Lira Skenderim 以及社会学系博士生 Lisa Ackerly Hernandez、Erin Maurer 和 Robin Templeton（Cross 现在也正在攻读博士）。我们非常感谢这群伙伴在研究上的帮助，从采访和初步编码、誊写访谈稿和录音。他们对此问题的兴趣，加上惊人的精力、聪明、能力和充满创意的社会学想象力，都非常鼓舞人心，他们对研究新发现的集体洞察力和意见，也启发并丰富了这本书。

我们也要感谢编辑 Naomi Schneider，谢谢她不遗余力的支持（和耐心），见证了这本书的出版。事实上，正是因为 Naomi 的建议和大力鼓吹，这项研究才变成一本书，而不是一篇后记。我们对她的付出感激不尽，她使得这本书好到出奇，而且与她合作非常有趣。

斯通在纽约市立大学亨特学院的校长研究补助（Presidential Research Grants）、罗斯福公共政策研究中心研究员补助（Roosevelt House Fellow Research Grants）以及纽约市立大学教职员协会（PSC-CUNY）的研究补助，都是研究得以实现的关键。除了上述研究助理，我们还要感谢其他提供重要后援的人。谢谢 Meghan Amato、Nicole Rios 和 Nichole Whitney，感谢他们做的文献综述、初步的定性资料分析和逐字稿。我们要感谢 James Guerra，他准确、迅速地分析定量资料，而且不厌其烦地"一做再做"。

我们也感谢那些仔细阅读我们初稿并提出编辑建议的人，这改进并厘清我们的文字。我们要特别感谢一流的编辑 Dawn Raffel 帮我们渡过一道又一道的难关，并感谢审查人的仔细阅读和极具启发的意见。

斯通要感谢一路上支持和鼓励她的人，虽然有时只是热情地聆听。斯通特别感谢美国进步中心（Center for American Progress）的 Judith Warner 早期对这项研究的兴趣。她在《纽约时报杂志》（*New York Times Magazine*）所写的封面故事建立在我们当时的初步研究结果之上，这篇文章让斯通相信这个研究可以吸引更广泛的读者，也有出版的潜力。斯通要感谢亨特学院院长 Jennifer Raab 持续关注本书所涉及的问题，并且让斯通有机会把作品带给更多读者。我们还要感谢斯通在亨特学院和研究生中心的同事，特别是 Janet Garnick 与 Karen Lyness，以及她在哈佛商学院有幸参与的生命与领导能力研究计划（Life and Leadership）的同事：Robin Ely、Colleen Ammerman、Laurie Shannon 与 Elizabeth Johnson。斯通在斯坦福大学的克莱曼性别研究中心当了一个学期的访问学者，那段时间非常关键，加速完成一些田野访谈，同时启发她对研究计划的早期思考。斯通特别感谢研究中心的主任 Shelley Correll 与执行主任 Lori Mackenzie 提供这么棒的机会，以及访问期间给予的无数帮助。斯通在哈佛商学院、斯坦福大学和南加州大学的会议及研讨会上发表的初步结果，收到的回馈与意见也使她受益匪浅。

针对友谊和各种支持，斯通要感谢 Lisa Cornish、Cynthia Rhys、Tonia Johnson、Jackie Carroll、Katie Shah、Peggy Northrop、Lesley Seymour、Kris Klein、水晶湖小组（Crystal Lake Gang：Jayne Booker、Catherine Bosher、Wendy Jay Hilburn、Linda Jenkins、Celeste Gentry Sharp 和 Laura Meyer Wellman）、Sara Cousins、Jeff Stone、Janet Giele 和 Jean O'Barr。家人一直是斯通最大的动力，在过去几年，斯通把自己的要事排在家人

之前，她非常感谢丈夫 Bruce Schearer，他不仅给予精神上的支持，还扛起许多事情让她能够专心写作，儿子 Alex 和 Nick 也伸出援手，提供创作和技术上的帮助。斯通觉得自己很幸运，生活中有这样一群充满爱、有才华、慷慨且贴心的男人，儿子让她对本书所要处理的问题充满希望。

拉夫乔伊要感谢母亲，母亲是她的第一个榜样，身体力行展示了女性用尽全力挑战现状的模样。她的父母分别是艺术家和科学家，两人热爱学习并且渴望更美好的世界，这有助于提升她的社会学想象力。拉夫乔伊感谢她社会学的同事，还有研究所的导师 Karen Hansen 与 Gail Dines 帮助她进一步了解并献身于女性主义，还有阶级与性别多元交织的政治（intersectional politics）。拉夫乔伊也要感谢在资产与社会政策研究所（Institute on Assets and Social Policy）的（前）同事，尤其是 Jessica Santos，她热衷于探索系统性与深层原因，同时超越分析进一步提出解决方案，这给了拉夫乔伊莫大的鼓励。同时，拉夫乔伊过去数年来在几个社会学研讨会及座谈会发表过初步研究结果，并从许多同侪之间收到许多有益的意见。

拉夫乔伊还要感谢一帮朋友，特别是 Maria Carri 在本书漫长旅程中用不完的耐心及支持。拉夫乔伊最要感谢的是长期伴侣 Jonathan Martin（他也是个社会学家），谢谢他多年来一贯的鼓励、深刻的政治敏锐度以及极具建设性的意见，并帮助她相信男人也可以是个女性主义者。最后，我们都要感谢从过去到现在的女性主义学者和行动主义者（不胜枚举），他们鼓励我们批判现状并追求事情发展的愿景。

目　录

C O N T E N T S

导 论

注意空白

那是硅谷这座天堂一个再平凡不过的日子，万里无云的蓝天，衬托出高档办公室园区修剪整齐的地中海风格绿地。但是在大楼里头，却明显感受到一股不安的氛围，同时夹杂着期待与焦虑。密闭的会议厅里，有几十位女性，大部分都四十多岁，有几位年纪较轻，也有几位较为年长。她们来此参加一场座谈，主题是探讨“重返职场者”的资源，这是主办单位给予这群曾经毅然决然离开职场或中断职业生涯，而现在想要重返工作岗位的女性所贴上的标签。这场活动限定了对象，参加的女性当中，许多毕业于哈佛、斯坦福、芝加哥大学或康奈尔大学等一流学府。不过，这并不是她们唯一的共同点，她们还都住在附近的高档社区，大多数是白人，零星有几位是亚裔和拉丁裔的女性。她们的穿着打扮相当一致，商务的休闲服带着足球妈妈（soccer mom）的贤妻良母气质。

这群女性令人印象深刻，每一位看起来都充满自信，但却也带着一种“第一天上学”的神情，一方面跃跃欲试，另一方面却有些迟疑，不抱太高的期待。她们一边等着开场，一边和身旁的人聊天，谈自己毕业的学校，为什么会来到这里，以及为什么考虑重返职场。她们坦然地说出自己内心的不安与眼前的挑战（“我想弄清楚自己想要做什么”），也期待跟其他处境类似的女性有交流的机会。

活动开始之后，现场女性专心聆听，而在讲者语重心长地建议并分享自己重新工作或帮助其他女性重返职场的故事时，现场许多人纷纷点头，表示赞同。当讲者表现出支持和鼓励的乐观态度时，她们同样谨慎以对。他们提出警告，比方说挥之不去的年龄歧视问题，尤其是在湾区（Bay Area）一带，正如某位专家半开玩笑地说：“不是到了四五十岁才开始受到歧视，而是超过二十五岁就开始了。”活动广受好评，但现场听众的担忧在问答环节一一浮现。坐在地板上的听众提出了一个问题，而现场听众一听到问题马上挺直身子，接着身体前倾，专心聆听答案，这也是唯一让来宾迟疑的问题：“我要怎么处理履历上的空白？”

履历的空白与研究的空白

这个问题没有简单或信手拈来的答案。从历史上来看，女性长期以来都是从工作退出一段时间，尤其是照顾小孩那几年，但是她们并没有名校 MBA 的光环，也没有之前镀金的履历记载她们在大公司上班的经验。这些女性要搏斗的是一个较为近期的问题，源于所谓的“选择离开职场的浪潮”，由记者丽莎·贝尔金（Lisa Belkin）在 21 世纪初期指出并提出的争议之说。[1] 贝尔金认为，此现象反映的是新传统主义（new traditionalism）的兴起，女性是因为偏好而不是出于无奈而选择回归家庭。这个说法虽然受到我们与其他研究的挑战，[2] 但针对这些能力超群、学历亮眼的女性为什么离开璀璨的职场，贝尔金确实提出了一些全新、截然不同且引起共鸣的说法。正如座谈会上的女性，有些人试着寻找重返职场之路，不只是像上一代的女性回去工作与上班而已，而且还要对抗履历上那段空白且引人注目的警示信号，她们想要重拾专业，重返有前途、有未来的职业。

类似主办单位这样的组织纷纷成立，目的是帮助有意返回职场的人，而这些人也引来媒体的关注。[3] 只不过大多数组织都还在草创阶段，不论出发点有多好，却都还没掌握太多经验来提供建议。相关主题的研究也不多，不论是如何提供方向给正在探索重返之路的女性，又或者是更大的议题："选择离开职场"的女性有多少比例试着重返工作岗位？[4]她们的动机为何？她们在寻找什么？重返工作的过程将经历什么？未来的老板会怎么看待这群人？她们能够重新进入并重启职业生涯吗？什么策略有效？什么策略无效？

选择离开时（标准定义为至少离职六个月，在此期间，女性没工作、没薪水，主要忙于照顾家庭和家人），女性很清楚她们赌上的是未来重返职场的机会，更不用说原本前途大好的工作。近来的趋势显示，在任何一年之中，受过大学教育且家中有未成年子女的已婚女性，仅有约 20%选择离开职场全职在家。不过最近一项比较细致的分析发现，从精英学校毕业的女性，选择退出的机会高于一般学校毕业的女性，两个群体都有很高的劳动参与率，分别为 68% 和 76%。但是，在照顾小孩那几年，母亲反复进出职场。由此看来，离开职场一段时间的女性，可能远高于两种群体数据比较所显示的比例。针对名校毕业女性所做的研究显示（近似于我们的研究对象，这群人的优秀条件尤其有利于在职场上大放异彩），有 30%到 40%的女性提及自己曾经离开职场。最近针对哈佛商学院女毕业生的研究显示（我们完全可以假定她们有企图心且全心投入事业），有小孩的女性大约有 10%全职在家，有 30%的母亲则是曾经有一段时间全职在家。[5]

暂时喘口气或中断工作的风险很高，而且选择离开职场之所以如此引人关注，其中一个原因是专业人士的工作往往名利双收，因此这么做对她们来说可能损失特别大。当我们知道她们试着选择重返职场会发生什么事时，我们也只能测量并充分理解其中风险的高低以及相关的成本，不论她们是否可以找到工作，还有她们从前途大好的工作会跌得多深。她们的努力以及这些努力的成败，不仅揭露她们选择离开的潜在风险，同时也让我们看见这些作为先驱或作为小白鼠的女性，所标志的美丽新世界。

她们的豪赌会得到回报吗？职业妇女离职当妈妈一段时间之后，可以重返工作岗位吗？有何条件，又有何结果呢？她们真的想要回到自己曾经离开以及（根据我们前一个研究所显示的那样）经常被拒绝的工作吗？重返职场是否提供给她们东山再起的机会，就算她们可能无法完全赶上那些一直在工作的男性（与女性）？在重新开始的职业生涯当中，她们会遭受什么损失（如果有损失），又可能得到什么？

我们发现女性成功重返职场，但并未延续过去的工作。相反，重新进入职场需要漫长的探索和职业生涯的重塑。由于女性在中上阶级家庭里担任照顾者和地位维持者（status keeper）的角色十分重要，因此妇女重视工作的弹性和意义，不重返原先的工作，而是在工作与家庭的约束中寻找新的出路：当个自由作家或是彻底转换跑道，转到她们过去避免进入的女性主导领域。不像大多数女性，这些女性有办法且愿意承担转换跑道的适应成本——尤其是重新训练、较低的收入以及失去升迁的通道，但我们证明，事实上，即使是她们离开之后并无多大改变的专业职场，她们重返的选择也有限。因此，那些最有机会（而且也确实有望）战胜阻碍并弭平性别差距的女性，并没有追求对她们个人有利的工作与家庭平衡之路，反而加剧并扩大了整体的性别不平等。这是选择离开与选择回来的两难（Catch-22）。只靠女性个人无法打破这样的循环。我们鼓吹运用政策来改变这种局面，支持女性留在职场与重返职场，这些政策不仅可以帮助我们研究的那些特别受到眷顾的职业妇女，也可以帮助所有想要平衡工作与家庭的女性（和男性）。

回到未来

我们对上述问题的理解，需要从比较长远的视野来观看女性的生活，必须是一部电影而非一张截图。根据我们之前对能力强且经验丰富的专业女性职业生涯中断所做的研究（其中大多数女性，例如在硅谷工作的人，都是毕业自精英且筛选严格的名校），我们挑战了人们对于这些女性选择离开职场的普遍理解。[6] 现象不仅未如夸张的新闻标题所说的那样普遍，而且她们这样做也不完全出于偏好，也不是（如一般所说的）回归传统性别角色和价值观。对于绝大多数放弃职业生涯且“待在家里当妈妈”的女性而言，放弃工作待在家的决定，是极为受限且对她们的生涯造成极大冲突的一件事。这显示辞职在家并非出于女性的选择或偏好，而是高工时的职场文化以及丈夫在家庭事务方面的缺席，这两个因素加起来产生了高强度的两头约束，使得女性无法兼顾工作和养育子女。同一套工作文化给弹性工作贴上污名，使妇女——尤其是拥有辞职选项的妇女——继续身兼二职。

我们之前的研究除了揭示女性将工作换成母职（至少在一段时期内）的情况，也关注她们目前的家居生活及未来的计划。这些全职妈妈绝大多数都打算重返职场。前项研究无法处理的一个关键问题是，那些女性，以及那些能力好、学历高而跟她们一样选择退出的人，是否能够理解自己重返职场的目的及其中会有的过渡期。有些人观察到这些女性在人力资本（例如文凭、工作经验）和社会资本（例如阶级特权、人脉）的优势，因而看好选择离开的妇女未来能重返职场。[7]不过有些人则不那么乐观。由于高专业知识本来就属于技术快速过时的领域，再加上潜在的年龄歧视，他们预测女性将因为离开职场一段时间而处于劣势，而过去选择离开与重返职场的记录，也有可能是个警示信号，说明她们没办法全心全意地投入工作。[8]最近一项调查雇主对潜在求职者履历评估的研究发现，上述忧虑其来有自。如果专业工作的求职者能力与资格差不多，曾经选择离开职场回家照顾家人的应征者，录取的机会将远不如那些偶尔因失业而中断但还一直在工作的应征者。老板认为选择离开职场的人违背了好员工的准则，并因此初步认定这些人对工作三心二意、较不可靠，也较不值得聘用。[9]

针对职业妇女重返职场的有限研究发现，她们大多数都想要重新工作（跟我们说的一样），但是研究发现也符合第二个假设：她们要回来有困难，而且最后找到的工作远远配不上她们的条件与能力。[10] 这些研究还发现，女性休息一段时间之后，她们的工作方向有了重大改变，经常与过去的公司及专业扯不上边。[11] 总而言之，这些结果说明重返职场显然是一段漫长的动荡与不安。尽管过去的研究开始关注跟重返职场有关的基本结果，但却对过程只字未提。我们之前的研究也是如此，当时主要是回溯并探索剖析女性退出职场的决定。本书的出发点即在于探索前一本书留下来的问题，跟着同一群女性走过她们的职业生涯高峰与成家岁月，带着她们从三四十岁走进四五十岁。长期的追踪研究使我们得以将女性的生命抽丝剥茧，从她们选择离开职场的重大决定，进而了解决定前发生的事，还有决定的过程，也能了解重返职场（或不重返职场），这个充满挑战且复杂决定背后的动机，以及常常伴随而来的决定转换职场，而这也同样复杂且不为人知。只有了解整个过程及其影响，我们才能充分评估选择离开职场代表的特权和危险。

为什么重要？

硅谷那间演讲厅里的女性，可能意想不到自己会坐在那里。当然，我们研究的女性也没料到自己会成为全职妈妈待在家里。她们的人生直到辞职的前一刻都属于胜利组：不是已经冲破玻璃天花板，就是快冲过去了。像她们这样事业有成、具备优势的女性，“理当”走上一流母校为她们规划好的路，成为所在领域的领袖。[12] 女性主义革命已经过了五十年，我们了解女性在这方面的表现，答案当然就是“不大好”。女性面对的是领导职位的差距，还有更可量化的收入差距。日益明显的是，求取工作与母职（委婉地说是选择离开）平衡等性别意涵浓厚且代价昂贵的策略，竟不成比例地惩罚了女性，并在创造和维持有害且挥之不去的性别鸿沟中扮演了重要角色。选择离开也许是“泄漏管道效应”（leaky pipeline）最明显也最极端的表现，这个词是比喻女性在晋升高阶主管的考虑人才中消失不见。挖掘职业生涯受到干扰以及资历断断续续所透露出来的意涵，对于我们理解现在已由女性占多数（51%）的职业场所持续的性别差距极为关键，包括在领导阶层的职位、权威和收入等各方面的差距。[13]

领导阶层的差距

众所周知的女性领袖，例如 Facebook 首席运营官雪莉·桑德伯格（Sheryl Sandberg）、美国国务院前政策主管、普林斯顿大学伍德罗·威尔逊学院院长及新美国基金会现任主席安妮-玛丽·斯劳特（Anne-Marie Slaughter），借助所属平台的力量，把女性领导阶层的问题带到大众眼前。对我们这些在女性与相关议题投入数十年的学者来说，女性的领导阶层和性别不平等的确获得了前所未有的关注。两人所写的畅销书以及引发热议的作品，桑德伯格的《向前一步》（*Lean In*）和斯劳特的《我们为什么不能拥有一切？》（*Unfinished Business*），使大众注意到像她们一样身居高位的女性竟如此稀少，并且点出阻碍女性往上爬的障碍，其中的关键就是工作和家庭的冲突。[14] 桑德伯格的作品从动机出发，根据她个人的经验鼓励女性打造成功的事业，“向前一步”而非选择离开，建议女性在辞职前不要放弃，她认为事业心和职业生涯的延续都很重要。斯劳特则是站在更为开阔且偏向政策的角度，把有偿工作和无偿照料者（如育儿）的性别化分工视为问题根源，主张从社会和政策着手解决，更加重视照顾工作的价值，并且把照顾工作整合为有偿工作。

这两本书基本上谈的都是成就斐然、受过大学教育的职业女性。却也都为此受到批评，不过她们关心这群女性的原因大致与我们一样。首先，这些女性面临领导职位的危机，说得更恰当一些，领导职位面临女性危机。其次，尽管领导职位遍及各种教育程度、收入水平和各个阶层的人，但主要定义还是驻留在某些施展权力与影响力的关键位置，包括首席执行官、法官、总裁、学院院长、经理与合伙人。社会科学，尤其是社会学，长期都是通过研究特权群体，了解不平等在上层的变化。虽然讲起来不公平（而且我们会证明它不公平），但在我们这个不平等或阶层分明的社会中，通往领导阶层之路极为狭窄。它常常需要沿着一条明确的路径，先是从一所大家公认的名校毕业，然后受雇于同样有名望的组织，再靠着自己往上爬。因此，从她们的阶级背景、精英大学的文凭以及工作资历等优点来看，我们研究的女性已经准备好要升上主管的位置。我们没有排除她们的特权因素，我们就是因为她们拥有的特权而关注她们，我们想从中理解女性为何在社会中一些关键领域没办法更快站上领导的位置。这些高学历的职业女性虽然代表的是有特权的少数，但如果她们的领导之路都受到阻挠，那么对于整个社会当中的女性在取得权力与影响力所遭遇的限制，这又说明了什么呢？

桑德伯格成为 Facebook 首席运营官可能是最耳熟能详同时也最典型的故事：从筛选严格的大学（哈佛）取得大学学历，然后再从同样不容易申请到的商学院（哈佛商学院）取得硕士学位，接着进入大名鼎鼎的谷歌工作，再被聘到 Facebook 当第二号人物。这是升上领导阶层的教科书标准案例，唯一不寻常的地方在于，她是女性。

仅从图 1 就可以看出这有多不寻常。女性大量进入研究生院与专业学校的五十年后，她们一直无法登顶。尽管做专业工作和管理工作的有一半以上是女性，但仅有 27% 的首席执行官是女性，而最高收入者，仅有 11% 是女性，而《财富》500 强的首席执行官也只有 5% 是女性。以桑德伯格所在的高科技领域为例，管理职位有 9% 由女性担任。女性在法律领域的进展很快，律师占 45%，非股权事务所合伙人占 25%，股权事务所合伙人占 18%；而在医学领域，女性占所有内科医生和外科医生的 34%，但医学院校的全职教授与院长的女性比例却分别仅有 22% 和 16%。即使在女性

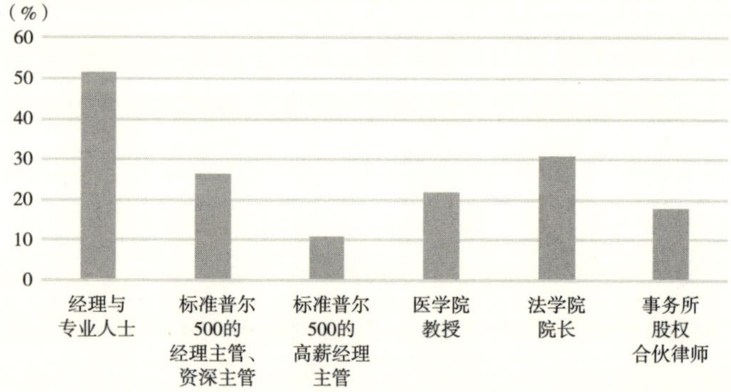

图 1　女性在管理阶层的占比

资料来源：AAMC 2016; ABA 2017; Catalyst 2018; Warner 2014.

长期活跃的领域（例如医疗和社会福利），领导阶层也是男性。在这几个领域，女性占劳动力的 78%，但最高领导层只有 15% 是女性。虽然这些数字很低，不过以前更低。但是，按照目前的变化速度，女性预计要到 2085 年才能在领导阶层达到性别平等。[15]

崎岖的同工同酬之路

女性不仅在领导阶层的比例不如男性，在缩小男女薪资差距方面，也遇到瓶颈。以目前的估计来看，男女之间的差距可能要到 2058 年才能拉平。[16] 薪资的差距通常以男女收入比来呈现，这可能是引用最多且研究最广泛的性别（不）平等指标。尽管薪资与领导职位息息相关，升迁往往伴随着加薪，但薪资比领导职位更容易测量和分析。自 1980 年代以来，尤其是自 2000 年之后，男女薪水差距的缩减已明显趋缓，新千禧年的到来对于女性似乎并不是特别幸运。2010 年，各种估计都显示，女性收入与男性收入比（壮年、全职、做满一整年）大约为 80%，这跟 2000 年的情况相比，变动不大。[17] 最近的研究表明，职业生涯中断是整个故事很重要的一环。

哈佛大学经济学家克劳迪娅·戈尔丁（Claudia Goldin）广泛研究拥有大学学历的女性之职业与家庭行

为，特别是像我们这种从精英学校研究生院及专业学校毕业的女性。她自己以及其他人针对高学历、受过大学教育的专业女性所做的研究，一再发现女性从开始工作到三十岁之前，薪水都和条件类似的男性差不多。这稍微违背常理的是，“男女之间收入的差异在工作生涯的几十年中明显扩大”。[18]因此，男女在职业生涯早期和重要的起步阶段，薪水几乎没有差距，或者说在同一个水准，通常女性的收入是男性收入的90%或更多。但是，随着女性在三十多岁和四十多岁成为人母后，差距就明显扩大，女性是男性的70%或多一些。[19]即使不是以现在对于教养的高要求来看，当你一个礼拜上班五十多个小时，也很难有时间看一下孩子。这就是所谓的泄漏管道效应，当女性选择彻底离开职场一段时间，像我们研究的女性那样——或是通过其他策略延续工作（例如降职到要求较低的工作），虽然她们不大甘愿却也不得不这样做——调涨薪水这件事就会开始漏掉这群人。

至于名校芝加哥大学布斯商学院（Booth School）的MBA毕业生，戈尔丁指出，1990年到2006年毕业的女性，没在上班的只有不到20%，而有约四分之一从事非全职工作，这两种调整方式都和当上妈妈有关。另外针对顶尖法学院（密歇根大学）1982年到1991年的毕业生，她也发现当上妈妈对就业的影响，从法学院毕业的十五年后，有21%的母亲离开了职场。

传统上由男性主导的专业和经理人领域，比如金融和法律等，自1970年代起女性相对增多，但她们脱离劳动力市场一段时间所受到的惩罚特别严重。戈尔丁还说，哈佛大学1990年代大学部毕业的校友之中，离开学校的十五年期间，就业中断十八个月“造成有MBA学位的人收入减少41%，拥有法律或哲学博士学位的人减少29%，获得医学博士的人则是减少了15%”。[20]她的发现与我们先前的研究相呼应，她说：“有些职业严惩想减少工时与追求弹性工时的员工。较低的薪水可能造成他们转换到截然不同的职业，或是换到同一个职业当中的不同职位，**或是彻底离开职场**。”（粗体字为作者所加）[21]

当女性在工作上表现得越来越像男性，因为当上妈妈而停工一段时间（但男性不会因为当上爸爸而停工，大部分男性一直在上班不会中断），对于延续男女收入的明显差距，扮演着越来越重要的角色，这个因素盖过了劳动参与、工作时间、教育程度与职业等其他因素。例如，戈尔丁估计，以她研究的MBA毕业生来说，十至十六年后，女性收入是男性的55%：工作中断和相关工作经验差异影响了其中三分之一，另外三分之二则是因为曾离开一段时间，无关离开多久。另一个研究性别不平等的著名学者，社会学家宝拉·英格兰（Paula England），进一步强调有没有工作经验对解释母职惩罚（motherhood penalty，条件相同的女性有没有当妈妈的收入差异）同样关键。好消息是，母职惩罚比起性别收入差距明显降低。我们研究的高学历专业女性中，2010 年有孩子的女性比没孩子的女性之收入差距，从 1980 年的 19%下降到 3%。[22] 然而，比较不同技能薪水（skill-wage）等级的工作者，英格兰发现技能薪水最高的那一群，也就是专业人员和经理，尽管工作经验最丰富（且中断时间最短），但受到的惩罚却最严重。这正如戈尔丁的发现，由于经验在她们的领域中相当值钱，所以离开一段时间要付出很大的代价。对于这群人（还有其他人也一样），"一半以上的母职惩罚是因为失去经验或工作"。[23] 长时间工作与加班（再加上一直期待女性担任家庭的主要照顾者），同样深深影响着男女工资的差距。观察 1979 年到 2009 年男女的收入差距变化，查亚（Cha）和韦登（Weeden）表示："加班泛滥"（也就是每周工作五十个小时以上）以及"加班费增加"等有利于男性收入的现象，造成 1990 年代与 2000 年代男女收入差距缩小的速度变慢。[24] 加班的影响很大，它抵消了让收入拉平的其他影响因素，比如女性学历与工作经验的增加。这在专业与管理人员之中，也最为明显。

前述研究有助于我们把职业生涯中断造成女性收入与男女薪资差距的原因及代价数据化。我们的研究聚焦于深度访谈，说明女性如何做出与自身生活及地位息息相关的决定。了解职业生涯中断——重返职场前暂停一段时间——对于了解性别不平等其中一个关键驱动力极为重要，也才可以提出缓解之道。

修正媒体叙事

尽管媒体报道为性别不平等带来新的能见度，但针对女性选择退出职场的报道亟须修正。女性是自己选择离开职场的说法，基本上由媒体所创，始于一篇影响广泛的文章。[25] 我们的研究和其他研究挑战了媒体报道，我们不认为中断职业的决定是出于女性的偏好，但是，还是不断有专著和文章老调重弹，经常把笔下的女性说得微不足道（例如，公园大道拿着铂金包的妈妈或一场午觉睡了十年的女人）。[26] 媒体的不断关注也夸大了女性选择离开职场的现象，仿佛每位女性都选择这么做。虽然的确有不少上过大学的女性离开职场——不论在什么阶段都有 20%，而在漫长的工作生涯里则有 30% 至 40%——选择离开职场的专业女性只是少数，但人们却产生了大多数女性都如此的印象。媒体截取了女性自我选择离开职场的叙事，然后给予选择离开职场者不成比例的大版面，这有可能强化极具杀伤力的刻板印象。这些普遍存在的刻板印象倒退回男主外女主内的分工时代，有可能把一个尚未被充分了解的策略（包含其缺点）视为正常。

虽然很难探究媒体报道与离职行为的直接关系，但值得注意的是，千禧年一代，也就是在女性选择退出职场时代成长的人（2003 年想出“opting-out”这个词，然后关注此现象），现在她们是劳动力市场里最年轻的女性，她们似乎已经预料到中断工作一段时间的人，会明显多于X世代和战后婴儿潮世代。《纽约时报》近期有一则新闻的标题是“计划暂停工作的年轻女性，比她们妈妈的世代还多”（More Than Their Mothers, Young Women Plan Career Pauses），[27]引用了许多研究作为证据。我们参与了其中一项调查哈佛商学院校友的研究。调查发现，37%千禧年一代的女性打算为了家庭中断工作，相较之下，X世代女性是28%，婴儿潮世代是17%。[28]尽管这股潮流可以看成反映出优先排序的正向改变，还有从上一代的挣扎中学到的教训，但并非千禧世代的每个人都对此怀抱希望。我们有一位二十多岁的学生报告说，她的许多朋友确实打算选择退出职场，但她担心这种策略的适当性，并抱怨如此蕴含风险的事，现在竟然被视为“解决的办法而不是问题”。我们了解她的担忧，正因为如此，我们才想要进一步了解中断工作一段时间带来的长期影响。除非工作出现根本性变革翻转，否则这种策略看起来一定会影响收入与升迁。这样做有任何补偿吗？对于有可能选择这条路的年轻女性，我们的研究有助于她们了解两边的得失，看清楚之后再做决定。

媒体刻画也有可能强化（如果不是重新塑造）专业女性、工作与家庭的既有刻板印象。我们很久以前就知道企业招聘时存在着性别偏见，但是最近一项严谨的设计实验研究证明，对于上层女性的性别偏见要比其他阶层更为明显。[29] 大型律师事务所聘用女性的可能性低于男性，而且更有可能录取阶层背景较差的女性而不是阶层背景较高的女性。有趣的是，虽然男性会因为高人一等的地位而获得更多（虽然不相称的）提拔，但是女性并不会有同样的待遇，作者解释："她们要承受对立、负面的刻板印象，说相较而言她们无法全心全意工作。"[30] 大家认为中上阶层的女性不仅不能像条件差不多的男性那样心无旁骛地工作，甚至也比不上家世背景及学历都比自己差一截的专业女性。媒体关注的是一个未经纠正且未受批判的女性选择离开职场叙事，故事线是女性回归家庭，重新创造了由男性养家的 1950 年代传统家庭，这使得杰出女性是自己选择对抗风险的刻板印象深植人心，但事实上却完全不是那么一回事。有证据表明，顶着名校光环的已婚母亲，似乎更有可能选择退出职场，[31] 但她们的劳动参与率从绝对与相对标准来看都很高，显示她们对于工作并不是缺乏承诺。不但如此，我们之前的研究也表明，她们离开职场的决定无关对工作的承诺，而是和她们要当主要照顾者，还要承受很长的工时以及很严苛的工作要求有关。好好了解女性选择退出职场的完整事实，不要只看一次的离职行为，而是挖掘离职后的后果，这可以让我们看清楚女性对于工作的承诺，并且进一步削弱（假如不是打破）那些会强化招聘与升迁性别偏见的迷思。

研究概述

为了探讨前面提到的问题，我们不但要了解女性为何选择离开职场——这是之前研究的关键提问——也要找出接下来发生了什么事。例如，从之前的研究中，我们得知大多数女性都想重返工作岗位，应该注意的是，这表现出女性一直对工作有所承诺，但一直以来却都被说成对工作缺乏承诺。不过，她们坚持下来了吗？努力之后成功了吗？先前的研究为这些问题提供了绝妙的出发点，但我们能否找到几年前大方分享生活经历的女性呢？幸运的是，答案是可以。追踪研究的结果加上原先的研究发现，使得我们可以全面探索女性在主要工作的那几年与带孩子的这些年，她们的工作及家庭生活情况。

我们最初访问的五十四位女性是一群有特权的人。尽管媒体对于选择退出职场的描写有许多不足之处，却很准确地指出这是一种有钱人的现象。[32] 事实上，典型的全职妈妈不是高收入的专业人士，而是教育程度较差的低收入妇女。[33] 她们之所以待在家里，是因为工作机会有限而且不甚稳定，还有托育不足且成本太高，反之，有钱的女性因为上班时间太长，加上丈夫的收入丰厚，所以让辞职得以成为解决工作与家庭冲突的办法。因此，当我们使用“选择退出职场”（opting out）一词，它和退出劳动力市场回家照顾孩子或待在家里并不是同一回事。此外，顺着著名家庭研究学者希瑟·布斯（Heather Boushey）和琼安·威廉斯（Joan Williams）的观点，我们同样突出选择退出职场是中上阶层（基本上就是大学学历以上担任专业与管理职位）降低家庭与工作冲突的一种策略。这是中上阶层女性针对每位女性都普遍面对的工作与家庭冲突，所做出的特定回应，而问题则源于女性投入劳动的人数越来越多，但工作结构却一成不变，仍然围绕着传统家庭的方式组建，因而产生不协调。其他背景的女性则根据她们的阶级、家庭条件、资源与可选择工作的性质，发展不同的策略来调和工作与家庭。[34] 举例来说，工人阶级和中产阶级常见的策略是父母轮流工作，通常称为“接力教养”（tag-team parenting）。低收入工人受到不规律的上班时间、不恰当的工作时间和工作流失等因素影响，反复进出劳动队伍，当他们有能力或有必要满足家庭的要求时就做低薪的工作，而这份工作继续做下去的收入有限或根本没钱。以美国全国样本所做的研究，进一步支持中上阶层选择退出职场的观察，研究显示，从名校毕业的已婚妈妈，相较于从一般大学毕业的女性，放弃工作的可能性稍微高一些（两类人群的劳动参与率分别为68%和76%）。[35]

为了找到中上阶层的专业女性，我们采取了介绍或“滚雪球”的抽样方法，主要从全美四家入学难度最高的学院或大学着手，通过大学部毕业的校友网络找到受访者。我们寻找那些从专业或管理职位离开，然后在家当全职妈妈的女性。她们以前是薪水优渥的专业人士，嫁给位置相仿的男性，这些女性至少在理论上对于是否辞职有一定的判断能力。其中一半有硕士以上学历，涵盖医生、律师、科学家、银行家、管理顾问、销售和非营利部门的主管、编辑和老师。约一半的人从事法律、商业和医疗等男性主导的职业；大约有三分之一是在男女混合领域，例如出版业；其余则是在女性主导的行业，例如教书。她们分布的地理范围也很广，居住在全美各地的大都会，例如纽约和芝加哥。受访的样本主要是白人，这反映出选择退出职场解决工作和家庭冲突是特定种族的策略。从历史上来看，美国非白人女性一直不像那些更有特权的白人女性拥有同样的经济机会，因而无法蜕变为百分之百的家庭主妇。因此，对于非白人女性，尤其是黑人女性来说，选择留在家中依然是一种文化上的例外，而非传统，即使她们有经济机会选择这样做的时候，也是如此，黑人母亲往往比较重视平等，更喜欢工作，工作时间也更长。[36]尽管我们的样本反映此现实，但还是呈现了部分族群与宗教的多样性，受访者当中，也有西班牙裔和犹太裔背景的女性。

我们启动访谈时，受访女性介于三十三岁到五十六岁，平均年龄是四十一岁。大部分受访者有两个孩子，孩子的平均年龄是七岁；她们离职前的平均工作年资是十年，基本上正处于职业生涯的中段，而她们离开职场的时间，平均是五年。一开始访谈的时候，我们主要收集受访者的背景和人口相关资料，再加上受访者从大学到受访时的家庭史及工作经历。我们特别想了解她们辞职的原因，以及其中的心路历程，还想了解她们在家里的生活以及她们未来重返工作的计划。长达十年追踪每位受访者，真是一大挑战，附录会更完整地说明我们的努力和研究方法。针对追踪研究，我们找到了80%的原始受访者（四十三个人）接受访谈。至于样本的人口特质，追踪样本与原始样本高度相似，基本上与第一次接触时受访者的年龄、有几个孩子、大学以上学历还有离职几年都非常一致。

这次的追踪研究再次使用了生命历程深度访谈法，接着再由受访者填写的年度家庭工作详细记录做补充。除了更新上次访谈以来的最新背景和人口资料（包括上次访谈以来工作和家庭历史），我们还特别关注女性是否曾试着重返工作岗位，以及她们决定重返职场的过程与经验。一如既往，我们还挖掘她们未来的计划。深度访谈的本质使我们能够掌握女性决定离职的背景，并探讨家庭研究学者艾伦·科塞克（Ellen Kossek）笔下横跨家庭、工作和组织的“跨层次动态”（cross-level dynamics）。[37] 这些女性再次慷慨地与我们分享她们的生命故事，让我们得以一窥还在进行中的反思及重塑职业生涯的过程。为了记录本书里参加追踪研究的女性，我们在附录提供了完整的名单，并且描述每个人的出身背景。

先看看研究发现

想想我们前一个研究对女性的理解，我们说："她们的故事尚未画下句点……大多数仍在重新开发中，带着一种主观的能动性（sense of agency）展望未来，掺杂着自己是否有能力再去工作的恐惧及疑虑。"[38] 大约十年后，这些女性的生命特征依然是重新开发和变动。尽管她们还是带着"恐惧和疑虑"，但事实上追踪研究里的多数女性（实际上是所有想要重返职场的人，再加上一些不确定或是不愿意的女性），都能够重新加入劳动队伍。重新投入职场的过程，要比女性所预期的更为容易也更为困难，甚至是更为复杂，这是前一份研究与媒体报道漏掉及忽略的一些重要面向。这与先前的研究一样，我们发现重新投入职场与重塑职业生涯有关，但如今我们能够阐明女性如何在她们的职业生涯里做出一些令人大吃一惊的根本转变。女性选择重返职场的动力，反映了起初女性是被迫选择离开职场。因此，尽管她们选择退出职场（因工作场所欠缺其他选项而有的策略），却不排除最终重返工作岗位，不过当女性在寻求调和家庭与有意义的工作时，仍会面临取舍、承担损失，也会有收获。我们详细介绍了这些策略，说明专业女性如何发现自己处于我们所说的"特权者的矛盾"（paradox of privilege），这影响了她们最初选择退出职场的决定，一方面强化且限制她们重返职场，同时又掩盖她们所面临的限制。

特权者的矛盾

我们把**特权者的矛盾**定义为一种现象：高成就女性的性别利益，包括专业成就、性别平等主义与经济自主，违背了她们的阶级利益，因为她们所处的阶级认为全职照顾是家庭之内阶级传承的重要手段。女性应该在背后支持丈夫的工作，并且当个主动积极的母亲，处理家中一些迫在眉睫的事务，确保家人可以在经济不稳定与地位岌岌可危的年代保有地位。[39] 特权者的矛盾表达出选择退出职场的内在变化还有后果，其中专业女性（至少是最富裕且受教育程度较高的女性）的阶级、种族及异性恋霸权的利益，在许多方面还有生命的不同时刻，都违背了她们的性别利益，最终还强化她们在家庭和职场上的从属地位。如此一来，选择退出职场巩固了精英之中的阶级与男性特权（还有种族与异性恋霸权交互影响下的优势）。

随着人生的进展，特权者的矛盾在两个阶段出现。首先，矛盾的变化是逐步生成的。受过高等教育的中上阶层女性经过培养，涌入符合自身阶层的精英工作。此类工作一开始虽然对她们敞开大门，但结构上依然围绕着最强烈的理想工人规范（请见“男性负担家计的假设”），工作时间很长，且需要全心全意投入。她们所在阶层还培养受过教育的女性嫁给和自己一样的男性。一直到女性成为母亲之前，她们都还能在要求严苛的工作中与男性并驾齐驱，并维持平等的婚姻。但是，一旦成为妈妈，剧本就被一些强而有力的综合因素打断。因为她们的学历、训练和经验（所谓的“人力资本”），因为她们拥有社会地位较高的家人、朋友和同事的广大人脉（社会资本），因为她们的领悟力与沉着（文化资本），使得在这个阶层里的女性，不仅成为照顾者，也成为维持家庭地位的人。这来自她们所背负的沉重压力，要求她们在这个经济不稳定的历史时刻，努力扮演好母亲的角色。同一时间，尽管她们拥有人力、社会和文化资本，也无法改变自己的工作来让职业生涯延续下去，因此只能看着丈夫的职业生涯在父权体制支持下圆满达成，但自己的未来却是暗淡无光。所以，眼前的矛盾就是成功的婚姻（阶级利益）会破坏（或至少是扰乱）女性职业生涯的延续与成功（或性别利益）。

而在第二个阶段，特权者矛盾的情况更为赤裸裸。一旦女性离开职场一段时间，她们的阶级利益将进一步削弱她们对性别平等的渴望，因为（1）父权协商下的家务特权，还有中上阶层出于维持地位所需而形成的密集照顾与社区参与，导致她们离开职场更久；（2）破坏她们重返精英职场的因素，同时让她们拥有自由去追求收入较少但更有意义的工作。矛盾的另一个表现是对育儿要求的快速成长，严重冲击那些准备攀上职业顶峰的女性。女性在年轻时好整以暇地准备铲除男性主宰领域中的性别堡垒，但遇上了母职，她们就会受到这些男性领域的阻挠或因此偏离方向；受限于阶级教养的标准提高，还有专业工作对她们的敌视，许多女性不是回到传统的女性工作，就是视情况在过去的专业领域边缘工作。

问题与答案

我们的研究点出了一个更大的问题：女性是否正经历一场祸不单行的人才流失——首先是刚开始选择退出职场的时候，然后就是重返职场的时候？中断工作一段时间之后重新换个方向（包括合同工作与自由工作）是一种最佳选择、一种积极有生产性的改造？还是一种预设的策略（default strategy），把女性便宜卖了，未充分利用她们的才能，并折损她们的生产力？当前经济所提供的弹性工作方式，可能需要付出巨大的代价，而这个代价大部分由女性承担，却满足了老板的利益，因为他们可以用合同工作的方式聘到高素质的职业母亲而大赚一笔。在劳动力市场如此进展的趋势之下，老板这样利用劳动力，是否进一步分化劳动力市场，并加剧工作与家庭的冲突，还有性别不平等呢？

本书内容如下。第一章将介绍六位女性，她们代表的是我们研究对象中一批成就斐然的女性。这几位的经历说明女性选择退出职场之后，为了实现下一步所采用的路径。之所以择取这几个例子，是为了体现我们从更大样本中所发现的重复主题还有常见模式。第一章还回顾了我们先前研究的主要发现，并摘录后续的研究，有一部分是受到我们前一份研究的启发，证实且进一步提供我们前一份研究的可信度，并将结论推广至更多的人群。第二章关注女性的家庭生活，揭露一股越来越强大的拉力，也就是我们所说的“家务特权的吸引力”（the seduction of privileged domesticity）。接下来三章谈的是重返职场的迢迢路。第三章探讨早期和暂时的“家庭优先”阶段。第四章与第五章讨论的是巩固，也就是女性弄清楚自己之后要做什么的“职业生涯重启”（career relaunch）阶段。第六章关注的是各式各样的结果（主要是客观的，但也有主观的），评估女性走上重返职场之路的成本与好处，也希望说明那些正在思考休息一段时间的人，她们做了什么样的决定。这一章也呈现了一些例外，也就是未曾重返职场的女性（我们的研究发现她们从没试过），这些案例得以让我们了解从中断工作到永远离开职场的可能原因。本书最后一章将进一步思考高成就女性所面对的特权者矛盾，还有本研究的重要发现如何说明（或挑战）目前对于职业女性、工作和家庭的辩论。我们顺着更大的目标，也就是了解目前对于职场及家庭的性别不平等讨论是什么，从而点出得以支持女性兼顾工作与家庭的政策。

我们研究的女性并非无憾，不过当我们再次访谈，她们大部分人都觉得自己离职后过着幸福快乐的日子。即便她们可能如此以为，但她们的生命并非一场童话。由于她们的确有着相当丰富的资源，所以她们的故事（大部分）都是成功的，这一点也许并不令人意外。只是一切真的如大家所看到的那样吗？她们重返职场的成就与她们原先有可能达到的成就，形成了鲜明的对比，而她们重返职场的漫漫长路，则提醒着大家她们失去的岁月与才华。列出每一个成功的故事，再看看性别不平等的延续以及难以缩小的性别落差，显示出由个人的方式处理公共问题有其局限性。但是，要想往前寻找答案就必须往回看，现在让我们回到起点，了解这些女性是谁，以及当她们发现自己落脚于一个她们意想不到的地方，也就是家庭时，她们如何塑造自己的工作与家庭生活。

第一章

前程似锦

个 案

销售主管

九年前初次访问三十九岁的凯特·哈德利（Kate Hadley）时，她已经是三个孩子的妈妈。凯特大学时当过舵手，同时是女子划船队的队长，也是常春藤名校大学赛艇社史上（包括男子队和女子队）第一位当选社长的女性。她说："舵手说白了，就是坐在船上指挥、发出口令、调整战术，并且为队员加油打气的人。"或许是觉得自己讲得太夸张了，凯特笑着补充说自己是"最不像运动员的那一个"。舵手是策略家，用的是头脑而不是肌肉："你要够聪明，还要能手脑并用，而且不能选体重太重的人，因为队员必须拉着你，你可以说是大家的负担。"凯特解释道，由于舵手是船上的负担，一般来说并不是当队长的料，而且她对于自己以女舵手的身份被选为队长，似乎要比当上社长还要自豪，两项都是前无古人。[1]

我们在她位于芝加哥郊区的家中进行第一次访谈，初次见面就一眼看出她曾经是个大学运动员。她棕色的头发修剪得整整齐齐，身上穿着 T 恤搭配棉裙，脚下踩着一双时髦且实用的凉鞋。她想了一下，不疾不徐地说起自己的成长过程，她认为自己拥有得天独厚且成就非凡的生活。凯特的父亲是跨国生意商人，母亲在她口中则是“标准的老板娘”。凯特很早就收到大学入学通知，并于 1980 年代末从常春藤名校毕业。靠着好几个暑假的实习，凯特很快就在一家位居龙头的研究与顾问公司站稳脚跟。在那里工作约两年后，公司希望她去攻读 MBA 学位，但她显然不打算这么做。反之，她开始找外派欧洲的工作，然后到一家品牌大厂担任销售策划，做了两年之后，凯特觉得攻读 MBA 的时机已然成熟，“我不想因为自己没有 MBA 而被拒绝”。许多名校都录取了她，最后她决定就读父亲的母校沃顿商学院（Wharton），也是全美顶尖的商学院之一。

从 MBA 毕业后，凯特换到另一家消费品牌工作，公司给她提供了返回美国的机会。凯特前途一片大好，平步青云，在某次机会之下，她轻易调职到公司另一个部门，这样她就能回总公司上班，也距离未婚夫尼克近一些。很快地，凯特成为公司领导品牌的销售经理，她用销售术语说这个品牌是公司的“母品牌”（mother brand）。新婚后不久，凯特为了跟随丈夫工作的发展机会，而想搬到拉丁美洲时，她也靠着自己的专业知识调职到海外，最终还在第一个孩子出生之前，升职到销售总监。

孩子出生后，凯特继续工作，但工作时间砍到八成，她分析：“这是保持竞争力与时俱进的好方法，一方面能保有自己的人脉与名声，但也能给我一点正常的生活或些许平衡。”虽然老板同意她的要求，但她发觉老板其实“相当惊讶”。由于到拉丁美洲出差路途遥远，凯特估计每个月有二到三个星期都在出差的路上。尽管艰辛，但凯特在第一个孩子一岁半的时候又生下老二。后来公司在选拔人才时跳过了她，选了一个比她资历浅的人，凯特“怀疑这和生老二有关，他们认为我想放慢脚步以及其他之类的事”。不久之后，先生为了前途而决定返回美国工作，他们一家搬回了美国。由于没有找到新的工作，加上家庭压力越来越大，又怀了第三胎，凯特最后辞职了。回头看当初的决定，她对于自己能够在工作与家庭之间游走那么久感到满意，想了一下说：“我留在工作岗位上的时间，可能比别人预期的还要久，我一直待到第二个小孩出生。”

第一次受访时，凯特已经在家三年了。她对于有人想要咨询她的看法虽感到受宠若惊，不过她拒绝受访，因为家里的三个小孩以及两只狗，已经让她“心力交瘁”了，再加上先生的新工作要求很高，还要常常到国外出差。身为船上的舵手，凯特是船上唯一看得到前方的人，但是现在她抬头往前看，却充满不确定性。当时，凯特想着自己的未来，不确定是否要重返工作岗位，回去工作“才能在我五十岁之前升上销售副总”，如此才配得上她名校 MBA 血统赋予的愿景。但凯特并不这么想，她追求的是有意义的付出，“为女儿树立好榜样”。尽管如此，她还是想回到自己所喜爱的企业界（不像有些人并不喜欢），因为“企业界让人很有安全感”，也能带来认同感，“大家叫得出公司的名字”。但是，她陷入缺乏自信的状态，“因为我已经离开很长一段时间了（仅三年）”。她也担心公司无法提供她所需要的弹性，还说自己一直了解“公司要提供弹性工作有多困难”。凯特计划有一天要重返职场，大声强调说：“我不认为自己是退出职场革命的一分子。”至于重返职场的时间与方式都未知，她感受到尽快重返职场的压力，但是却“什么也没做”。她认为这样的优柔寡断，透露出一个“征兆”，那就是她还没准备好。

注册会计师

黛安·蔡尔兹（Diane Childs）的父亲是一名警察，她的妈妈则“从来没有上过班”。十一年前我们第一次与她聊天时，她才四十一岁，有两个孩子，维持着苗条身材，顶着一头棕色短发，讲起话来不拖泥带水，没有任何废话与多余的动作，这反映在我们一起喝茶的客厅，一尘不染而井然有序。黛安仍然住在她成长的东北部城市，之前就读的大学也离家不远，她选择了当地一所不贵又方便抵达的大学，主修实用的科系（会计系）。进入商学院之前，她在“人文专业摸索了大约一年”，最后下定决心转到商学院，是因为了解到“自己毕业之后必须找一份工作，偿还助学贷款等费用”。她回忆自己毕业的1980年代初期，“很鼓励女性去工作”。黛安急着掌握自己专业领域释放出来的机会，一毕业就进入一家大型会计师事务所。尽管她了解这份工作带来宝贵的经验，但黛安“并不喜欢”。她回忆道，事务所的合伙人“赚得不少，但外表都比实际年龄大了十五岁”。黛安把他们视为负面榜样，她不想步他们的后尘，因此决定不走传统的会计师合伙人之路。三年后，黛安换到一家全国房地产投资公司上班。她在那里学到房地产和建筑业的诀窍，也找到适合自己风格和价值观的工作环境。三年后，她又直接跳到另一家开发平价住宅的公司，负责筹资。黛安上班的时间很长，却乐在其中，尽管她意识到，比起营利公司，非营利公司捉襟见肘，人力不足且资源匮乏，薪水也不是“太好”。不过在这里，交易速度快，加上有着做好事的感觉，她从工作中获得极大的满足感和“乐趣”。从事这份工作五年后，她生了第一个小孩，三年后又生了老二。她转为兼职，但这并不是她想要的解决方式。公司要求她做更多的工作，却不调薪，也看不到升迁机会。在这个职位工作了十二年以后（其中七年是有孩子之后兼职），黛安辞职回家，我们第一次访谈时，她已经在家待了一年。

黛安计划再回去上班，但因为她早已离开商业界转入非营利部门，去公司上班对她也不再有吸引力。她很清楚自己想利用会计的技能接案或是当个自雇者，并且她像许多女性一样，依照孩子的成长阶段，安排自己重返工作的时机。我们第一次访问她时，她最小的孩子刚进幼儿园，她计划在他上中学的时候回去上班，大约是七年之后。同一时间，黛安希望做点事“维持自己的竞争力（employable）”，却还没“真的想到怎么做”。

顾　问

我们在那栋气势恢宏的郊区豪宅大门，第一次见到金发碧眼、曲线玲珑的伊丽莎白·布兰德（Elizabeth Brand）。接下来的两个小时，伊丽莎白娓娓细数自己不凡的职业生涯，以及最后离开职场的原因。第一次访问时，她四十岁，有一个孩子，肚子里还怀着老二。伊丽莎白于美国南方长大，父亲是一位工程师，哥哥也跟着从事科学及技术相关工作，伊丽莎白跟随父亲与哥哥的脚步，而不是像母亲那样当个全职妈妈。她喜欢数学和科学，“对于男性做的事很感兴趣”，她毕业于名校的机械系，是全班三名女毕业生中的一个。她很快就在专业领域找到一片天，在一家跨国能源公司工作。她什么都做，“从设计管线的零件，到为新建的工厂开发管道规格”。伊丽莎白的才华很快获得肯定，仅仅一年半，她就“得到一个千载难逢的机会”，到一家“问题很多”的工厂上班。工厂位于爱达荷州，一个她从没去过的偏远地区。她年纪轻轻就有了“实务经验”。伊丽莎白不仅年轻，还是个女性，她说自己开始新工作时，面临着这样的情况：“我曾经开玩笑说自己是全镇两万人之中仅有的专业女性。因为每个从事专业工作的女性，到最后都离开了这个镇或这个州。”工厂的工人感到不安，他们听说“有一个从加州来的女同事，准备告诉我们如何管理工厂”，不过，伊丽莎白还是让他们心服口服了。她开心地回想这一切：“那是一次很棒的学习经历。我从操作员和维修人员那里学到很多……因此在个人和专业方面，实在是很丰富的成长经验。”

尽管她热爱工作，也喜欢落基山脉这边可以从事运动与户外活动的生活方式，但她还是决定去研读商学院。她明白自己的工程背景和特殊的工作经验会让她与众不同，她回忆说（语气平实毫不夸张）：“由于我的履历非常独特，因此不难申请上学校。我申请了麻省理工学院、沃顿和哈佛三所学校的商学院，结果全部被录取，最后决定去读最适合我的麻省理工学院。”入学之后，伊丽莎白再次发现自己来到一个男性主导的世界，里头“有很多非常保守，尤其是经济上异常保守的人”。她选修了好几门金融和科技课程，并到一家业界有名的管理顾问公司当暑期实习生，最终在拿到 MBA 学位之后，加入了这家公司。伊丽莎白说这家公司的特色是，“升不了就走人”，但她平步青云，只花了七年就从顾问升到副总。在这份工作之中，她参与了各式各样的计划，有不少都是跨国事务，也横跨不同行业。她在三十四岁时升为合伙人。在以小时计费的管理顾问世界之中，每周工作五十个小时以上以及频繁的出差，实属常态。升为合伙人两年后，伊丽莎白生了老大。由于担心长期在国外出差，再加上工作时间太长会影响母子关系，所以她请了产假，却再也没有回去上班。当我们第一次访问时，她已经在家待了两年，而且在做了一系列的受孕治疗之后怀了老二。

第一次访谈时，伊丽莎白重返职场的计划，看起来既遥远又模糊，但她很确定自己不会再走顾问公司的老路。她提高音量问，假如不辞职，自己是否可以“找到一个平衡点……也许做一份截然不同的工作”？目前看来，她设想等到孩子“整天待在学校”之后，也就是“六、八、十年后”回去工作，并希望做点“偏向学术、也许更带有慈善性质的事”。她十分清楚，“不多跑外务”，机会就不会上门，而这是她目前无暇经营的事。

编　辑

楠·德里斯科尔（Nan Driscoll）在我们初次见面时四十六岁，是三个孩子的妈妈，成长于新泽西州郊区，目前则是在纽约市有钱人住的郊区生活，自称为“第二代城市郊区佬”（a second-generation suburbanite）。一头棕色不长的卷发，加上脸上那副深色胶框眼镜，外表看起来相当清秀。她过去在纽约州北部的一所小型耶稣会大学就读英文系，她说：“不确定自己想做什么，不过我知道自己不想教书，但想住到纽约市。”她减少了选项，只找出版社和社会工作方面的工作，浏览了一遍求职广告后，她得出一个结论，如果进入出版业，新人可以多赚一点，能够“靠自己生存，还可以租个小公寓”。她轻松找到第一份差事，尽管很快就对工作感到失望：她的老板“一边整理发票，一边用八到九分钟向我解释全部的工作内容”。

楠坚持了下来，“大约半年后，我和营业部的主管说，自己真正想做的是编辑”，想不到机会就此降临。事情真的发生了，楠不久就成为执行编辑，做了更多行政方面的工作，她说这是“很棒的学习经验”。从这里开始，她想要当个“真正的编辑”，然后成为助理编辑，再升为资深编辑。六年后，她到了一家更大、更有声望的出版社工作。在这家公司工作的五年期间，她不断晋升，最终成为童书部门的总编辑。但是，公司的政策却改变了，慢慢脱离童书。“我好像哪里都去不了”，楠跳槽到一家专门做书籍包装的小公司，这家公司把儿童和青少年书系放在一起，再交给著名出版社出版。楠热爱这份工作，意外在业务方面找到乐趣，并迅速升为公司总编辑，“我觉得自己不能错过这个机会”，但眼前的挑战是，她已经嫁为人妇，也准备要怀孕生小孩。

即使是在她口中“清一色女性”的行业，她却是公司里第一个生小孩的员工，“因此我稍稍处理了自己生小孩后的情况”。她的老板支持她设计一份对婴儿友好的弹性上班时间，但楠对此有所保留，她觉得“自己现在很难维持像以前那样的工作效率”。公司和 1980 年代后期的许多出版社一样，开始感受到财务压力，老板要楠辞退一名单亲母亲，因为他“看到（她）每周才来上班三天，也没能把自己分内的事情做好”。但是楠却自己辞职了，她说自己“很幸运”，因为她先生在一家公司担任法务，收入还不错。如今回想起这个自豪的决定，她说“离职的时候，我是副总兼总编辑……只有老板在我之上，我做到了我想要做的每件事”。

我们第一次访问她时，楠已经当了十年全职妈妈，而在这之前，她则工作了十五年。那时，她也不确定自己是否会重返职场。她和许多女性都一样，为自己过去的成就感到自豪，认为自己有过“很棒、很不错的职业生涯”。但是与其他大多数女性不同，她认为自己的职业生涯已经结束。“我做过了，也做到了。太好了，这是我生命的一部分。”她说自己现在不再需要“职业生涯”，因为她曾经拥有了：“如今我拥有第二生涯，也就是我的孩子、我的家人。”楠决定暂时不回去上班：“我们很幸运，因为我们没有经济压力，所以（问题是）我想去工作吗？以及要如何安排呢？”她的信念影响了她的想法：“比起他们读幼儿园还有小学一年级的时候，现在和未来几年陪在他们身边更为重要。”她提起“难以想象的后勤支援”，“每天下午三点到晚上七点，要接送三个小孩去上不同的课程”，偶尔还会病几天。在不确定的将来，楠可以想象自己去工作，但前提是工作地点就在家里附近，也不需要通勤到市区。她很清楚自己不会再回到出版业，而且也接受“只要时间合适、有趣、有挑战性，我也可以到完全不同的领域工作，我可以通过工作有所学习，或者在有需要的地方，发挥我的作用”。

股市交易员

梅格·罗曼诺（Meg Romano）在我们第一次访问时四十一岁，是三个孩子的妈妈。暗棕色的头发，看起来朝气蓬勃，一个温暖的春天午后，我们在她郊区漂亮住宅的门廊上聊天。梅格小时候住在纽约市市郊，“影响她最大的人”是母亲，母亲在 1958 年以优异的成绩毕业于曼荷莲学院（Mount Holyoke）。根据梅格的说法，当时“女孩子就是嫁人、生小孩”。梅格的母亲没上班，一直到银行家父亲因为 1970 年代储蓄和贷款业务崩溃而失业才去工作。

梅格大学毕业后并不清楚自己想做什么，母亲建议她到华尔街。靠着亲戚的介绍，梅格在纽约证券交易所找到一份办事员的工作。“其余的，如同大家说的，就是历史了。那是 1982 年，也是接下来二十年大牛市的开始。因此生活实在非常刺激。”她升迁得很快，先是“暗中找到”一条通道，而在一家大公司获得了更好的差事，然后在公司里又受到一名资深交易员的照顾，他很快就发现梅格懂得实在不多。梅格语带感激地回忆：“基本上，他把我贬得一文不值”，因为这名资深交易员，她才可以去学习高风险领域的诀窍。不到一年，她“很幸运”又升了一次。但是大约三年后，她“清楚这不是自己要走的路”，所以就转到（相对）平淡的机构交易柜台。又过了两年，公司要让她当首席交易员，前辈要她千万别拒绝，因为这不仅会让她“接触整个华尔街”，也可以让薪水翻倍。“所以他们对我说，‘你知道对于你这个年龄的女孩来说（我那年二十六岁），这是一个千载难逢的机会’。”

梅格在证交所遇到她先生，当先生想要回老家费城攻读法学的时候，她也愿意跟着一起去。她最初挤破头想要做的工作，在 1987 年的崩盘时消失，所以梅格在当时还是一家小公司但现在已是全美最大投资基金之一的公司，找到另一份差事。梅格的财富随着公司的发展水涨船高。三个孩子接连出生之后，她还可以视情况需要，时而兼职时而全职工作。当老幺被诊断出患有严重的先天性疾病，梅格请了假。准备回来上班的时候，她等着要做兼职，让她可以盯着孩子治疗的最后一个阶段。但是在最后一刻，当她在公司干了八年之后，兼职的选项没了，公司告诉她必须回来做全职，她只好辞职。

我们第一次与梅格碰面时，她已经在家四年，在这之前，她工作了二十年。她是最初几位受访者之中较有自信的一个，不论是对自己重返职场的能力，还是继续待在相同领域（金融）的意向都是如此。仿佛标准答案一般，梅格也说并不后悔自己的决定（“一点也没有后悔”），但也许是金融背景使然，她是少数几个清楚说出内心顾虑的女性：“我们要如何在退休与三个孩子的大学教育之间摇摆不定？时机一到，我就会把内心的忧虑转为积极去赚更多钱的行动。”她确信“让我在第一份工作成功的特质，也可以让我在未来继续往前”。她的一只脚一直留在金融圈，并且靠着“晚上的交际应酬，还有参加金融界的活动”与人聊天。至于专业执照，“我保住自己每本执照。我的脑海中一直都在做一些重返职场需要做的事”。但是梅格待在家里的时间越长，她在回答时也就迟疑得越久。她打算有一天要重返职场，但不确定是何时，讲话时有种幻想破灭的感觉，她“终于到了这样的时刻了，那就是以为自己有一天可以做得到，却发现只不过是一场迷思罢了”。

科学家

当我们第一次访问她时，丹妮丝·奥尔塔斯

（Denise Hortas）四十五岁，有两个孩子，年龄分别为十一岁和十四岁。丹妮丝的口才流利，为人热忱，她在纽约的长岛长大，那里“有很好的公立学校”，她是个优秀的学生，作文和数学都很好，而且在中学就以科学为志向。“我那时以为自己想当医生，也清楚知道自己喜欢生物学。”花了三年半读完大学后，她立刻嫁给了男朋友（也是现在的丈夫）。她和丈夫都继续攻读博士，她在科学领域，而先生读的是人文学科。丹妮丝六年取得学位，不过她先生改变方向，转到西岸就读法学院。她凭着货真价实的学历，在同一所学校找到博士后研究的机会。博士后的最后一年，丹妮丝生了老大：“之后就不再像过去做研究那样，以前我回家吃晚饭以后会再回到实验室，现在我只从十点工作到六点，这惹得我的导师非常生气。”她回想：“这不是件容易的事，但我内心很笃定自己不会成为大学者。”“在待过两所非常好的研究型大学之后，我在研究生院的时候就了解到我做不出最好的研究……我不喜欢做研究，也不喜欢研究时必须聚焦于窄窄的主题，但是我喜欢大学里那种广阔的感觉，也喜欢交朋友。”

他们身处硅谷的核心，“工作俯拾即是”。丹妮丝很快就在药厂找到一份差事，负责临床试验让新药推向市场。她向新老板表明想要“正常上下班”，这位女老板、首席执行官是“制药产业里呼风唤雨的一号人物”，她支持丹妮丝的想法。丹妮丝在这家公司上班时生了老二，然后就从“正常上下班”改为兼职，后来又逐渐转为全职。她升得很快，也很惊讶“（公司）到底有多少机会？每当我准备好，机会就来了”。由于渴望进一步发展，她安排自己和公司新任的首席执行官见面，而支持她的女首席执行官在公司合并之后被赶走了。当她表达自己最终的目标是当上副总，新任上司对她说：“你不会想要那样的。”丹妮丝认为这句话的意思是“你的心思都在其他事情上面”。她既失望又生气地离开那场会议，觉得“现在有个老板不想理她了”，也是“第一次遇到阻碍”。

丹妮丝再次毫无遗憾地辞职了。当我们第一次访问她时，她待在家只有一年，那时她已经开始做一些医药界的顾问工作，也就是药物研究，而这是她觉得自己“未来几年可以做的事，因为这很适合我想要照顾小孩的状态”。她说女儿只会在家里再待三年半，儿子过七年就会去上大学，届时“我可以回去做全职工作。但是……我可能不会再做药物开发工作，也许会去当老师吧”。尽管不确定要从事哪个领域的教学或继续从事药物研究，但与其他第一次受访的女性相比，丹妮丝更为专注思考自己的未来。凭借着个人条件、学历、多年的经验以及良好的人脉，她也对于自己重返职场更有信心。

摘下天上的星星

本章还有整本书记录的凯特以及其他女性，都是闪亮的星星。她们大多数毕业于顶尖、入学筛选严格的学院或大学，拥有硕士或专业学历，而且每一个人在中断工作之前都在追求功成名就。第一次访谈时，她们都是全职妈妈，她们回到家里的起点可能不同，但她们早期的人生都极为相似，多数都来自中产阶层或中上阶层的家庭，家庭的优势帮她们铺好康庄大道，尤其是通过让她们接受高等教育来达成。[2] 她们成长于传统家庭，父亲在外工作、母亲在家，在她们母亲那个阶层与世代，女性的典型就是在家当家庭主妇。我们采访的这群女性，从青年过渡到成年，从读书到就业，人生一路顺遂，几乎没有中断或崩塌。她们的成就斐然，而且她们所处的时代鼓励且期待年轻女性（尤其她们的阶层）勇敢逐梦，因此她们每一个都以自己的方式办到了。她们坦率而热情地分享先前的生涯，坦露自己有哪些长处和短处，而她们又如何超越与克服。丹妮丝承认自己在做博士后的时候，并不是很擅于研究，这样说可能会吓坏（如果不是击垮）许多和她一样的博士后，但是丹妮丝却将这种认知联结上另一个优点——她曾经很擅于建立人脉。显然，女性早期教育和事业之路的努力都是心无旁骛，当她们从一个舞台换到另一个舞台时，也相对顺遂，而且一直都是平步青云。她们都是聪明的女性，她们的特权、领悟力和智慧，引领她们走向名校，而名校又是找到顶尖工作的跳板。尽管她们不会吹嘘，但是这些女性的言语都流露出自信，并且伴随着一种真正的成就感。然而，随着她们成为母亲，许多人遭遇了人生中第一次的不顺遂与前途茫然。她们不再是前程璀璨的女孩，也意识到自己在工作上的能力和投入程度受到质疑，一旦她们感受到污名与事业停顿突然而来的刺痛，信心也随之减弱。

女性辞职的真正原因？

大众媒体散布的一般理解是，这类女性是为了家庭而辞职。乍看之下，她们的确是为了家庭，因为离开职场之后，她们都变成了全职妈妈。但是，我们的前一份研究揭示了这个解释有其不足——**全职母亲是她们辞职后做的事，而不是她们辞职的原因。**[3] 第一，这些女性，除了少数几个，从未打算完全投入家庭。绝大多数（90%）都觉得，自己早期与长期的人生目标，是希望能够事业与家庭并重。此外，她们都很努力追求自己的事业，辞职前平均工作了十年。第二，当妈妈本身并不是引发辞职的典型因素，她们大多数在生了两个孩子之后，工作表现依然良好。第三，进一步挑战常见的母性论者的建构（maternalist construction），许多人是在孩子大一点之后才辞职，至少是小孩上学之后，而不是在婴幼儿阶段辞职，她们也发现突然转为待在家里当个全职母亲，是一件非常困难的事。第四，当女性跟老板和同事说自己要辞职照顾家庭，这是一个保有颜面、保留退路的说法。社会学家莎拉·达马斯克（Sarah Damaske）发现，不论什么背景的女性，不管她们在讨论自己工作与不工作的原因时，一直都把理由说成“为了家庭”，[4]这种说法符合性别角色，满足了社会认可的各种理由与需要（所以我们对于“为了家庭离开”的说法，并不能信以为真）。

女性辞职的真正原因，源于她们原本的那份职业，其工作条件的本质与她们产生了真正的冲突。女性决定辞职的原因不一而足。她们会说职位、孩子与先生，但是她们叙述的主轴却是工作，而不是家庭。十个里面有九个会说出跟工作有关的理由。工作场所的推力，再加上家庭的拉力，尤其是现在对于母职的要求很高，丈夫也常常在家庭的第一线“缺位”。仔细听她们的故事就会发现，离开职场是个预设选项（default option），是在其他方法行不通的情况下不得不做的选择，而且基本上是带着不舍与遗憾。这些女性成功的代价，就是她们从事许多人所说的“全力以赴工作”（all-or-nothing jobs），特色就是上班时间很长，以及永无止境的要求。虽然这在地位高、传统由男性主宰的职业（例如商界与法律），会稍微明显一点，但现实是，在男女都有的领域（例如出版与销售），这两个领域从1970年代开始，有越来越多女性加入，而且工时增加的速度也创了历史新高。[5]工时长，每周达到五六十个小时，是女性无法继续工作最常见的一个理由。此外，虽然她们谈到工时长的时候，说的是自己工作的环境，但是在类似步调下工作的丈夫，也常常都不在家。[6]丈夫的收入优势（反映出众所周知的男女薪资差距），也免去丈夫照顾家庭的责任，并使得先生的事业优先于太太的事业（即使是太太的收入超过先生，大家还是期待应以先生的事业为优先，这种性别动态变化经常被“性格”或个人偏好的理由所掩盖）。工时长的双职工婚姻（dual-career marriages），以及丈夫拥有不过问家务的特权，往往是造成女性无法继续工作的“导火线”。

辞职的另外一个相关因素，则深植于当前专业工作与管理工作的加班文化，当她们努力尝试减少工时、远距工作，以及其他减轻时间限制的弹性工作方式，却都失败时，只好离职。本研究三分之二的女性辞职之前都能够做出一些替代性的工作安排，基本上就是改为兼职（不过有10%的申请人遭到拒绝，这些人往往是三十多岁、年轻、经验较少的女性）。由于理想员工的规范，要求放下家庭与其他个人干扰因素、全心全意投入工作，因此女性发现她们努力尝试的兼职工作或是分担工作模式，都持续不了太久，最终注定失败。

这些女性发现身为职业母亲（通常是唯一要求或

使用替代性工作安排的人），在公司里很矛盾地被叫作“兼职专业人员”。虽然是兼职，女性对于自己带走的工作还是有很大的责任的，她们的地位降低了，但更重要的是，她们的战斗力与影响力也被限制了。她们眼睁睁看着自己“兼职”的工时逐渐增加到全职，却没有补偿任何薪水；她们失去了升迁的机会；清楚地知道自己就只是一个不在办公室的新经理，看着她们得之不易的弹性工时遭到否决。女性也很敏锐地感受到她们努力挑战加班文化所带来的污名。将工作地位及（或）母职地位联结到污名的声明（stigma statements）到处都是，我们第一份研究中有 76%的女性都说过，平均每一个女性发了三份污名声明。[7] 在大型软件公司担任销售主管的克莉斯汀·托马斯（Christine Thomas），引用圣疤（stigmata）的概念（污名的标记），她说：“当你（在公司里）做的是共同分担工作（job-share），你就盖了一个“妈咪”（MOMMY）的大印在你头上。”精英律师事务所合伙人布莱尔·莱利（Blair Riley），虽然可以安排兼职工作，却不敢让身边的同事知道。她把兼职比喻为生病：“有一点像感冒。不是好了，就是离开。”女性通常把这个污名内化成自己失败的象征，这种污名还进一步破坏她们付出种种努力得到的成功，也削弱她们对于工作与职业生涯的依附。

母职障碍

在专业工作和主管工作领域，过劳文化加速出现。这种文化和进步缓慢的理想员工（也就是男性员工）模型，相互吻合，破坏了弹性工作的可行性，制造出大家口中真正的母职障碍。过去，法律禁止母亲去工作，即使是老师这个女性比例很高的职业也不行。现在，女性受聘进入传统上属于男性的领域，例如法律与商业，而且没有人强迫她们离开，但是工作条件（尤其是一流公司）使得那些身兼母职（或想要成为母亲）的女性，很难留在公司。这种全新的母职障碍，加上加班以及对于弹性上班的敌意，让留下来上班的职业母亲减少，同时加剧了女性职业生涯的中断与暂停，而如今这已成为常态。

选择的落差

虽然这些女性详述职场压力的无情，还有她们用尽全力发展应对策略却失败的故事，但她们却很少有被牺牲与受歧视的感觉。尽管她们亲自感受到当妈妈受到的惩罚，但因为已经把职业的规范内化，所以没有多少人会觉得自己被偏见与歧视所伤。她们不愁吃穿、了解自身所在位置的特权，她们的完美主义取向，以及强烈的自我能动性（personal agency），使得她们采取一种选择的叙事（narrative of choice）。70%的受访者，在访谈当中，常常提到“选择”，像是“主动选择”“专业选择”等字眼。女性经常强调，她们在工作时所受到的任何惩罚，都是出于她们的个人行为与偏好。她们常常把自己放弃职业生涯的决定建构为“女性主义者”，指出第三波女性主义主要是个人选择（这与第二波女性主义集中在结构的性别平等相反）。在这本书里，三十几岁的人提到自己出于选择是四十几岁的两倍。典型的受访者是三十四岁的梅莉莎·怀亚特（Melissa Wyatt），她原先的工作是募款，她先从专职转为兼职之后再辞职：“我会说自己是一个女性主义者。我喜欢今日的女性有所选择这点，我觉得这至关重要。”

女性承受压力的事实（缺乏选择），以及用选择来修辞（女性说自己决定辞职是种选择）之间的矛盾，就是我所说的选择落差。在行为上，这可以看成女性想做的（延续职业生涯），以及女性实际作为（离开职场）之间的差异或落差。选择的说法关注的是个人偏好，忽略女性，即使是能力不凡且有特权者，在面对强大制度时所遭遇的阻碍。出于自我选择这个说法最极端的例子或许是，当女性暂停或结束自己投入大量心力、心心念念的职业生涯时，这样的行为竟被说成她们选择离开职场。我们的分析显示，在享有盛誉、有权有势以及有利可图的职业中，女性一旦成为母亲，她们继续留在这种高要求工作的选择反而受限。家里的财富使得她们可以选择离开职场，但是我们的研究显示，这种“选择”并不是出于个人偏好，而是因为她们这种工作的本质就是需要“全力以赴”，因而迫使她们必须在全力以赴与退出职场之间抉择。

证据说话

我们的主要发现——成就斐然的女性中断或暂停职业生涯的决定，深受工作条件的影响（同时加上家务性别分工持续的不平等）——这一点在之后针对自愿选择离开职场的一大批且持续增加的研究中获得证实。[8]研究中重复出现的主题是，以男性为理想设定的工作文化，在职场上扮演了关键的角色，这种文化不利于弹性工作，并且进一步惩罚想要寻求弹性上班的女性专业人士。针对女性大量入侵的前三种专业工作（法律、医疗与商业）的研究发现，女性选择退出职场比例最高的是商业，其次是法律，而最低的是医疗。三者的差别在于商业与法律工作时间较长且无弹性，医疗则是随着从私人开业模式转移到大型集团开业（比如医疗保健组织 HMOs）而变得比较弹性。[9]另一份针对高成就女性的研究，同样把辞职的决定，归因于工作与组织，例如不弹性、歧视和缺乏升迁机会等。[10]呼应了我们的研究对象为此所做的努力，辞职的女性如果可以弹性工作并降低（也就是合理的）工时，她们会倾向继续工作。针对金融业女性的研究同样发现，女性离职是因为男性的职场文化，再加上不弹性的工作条件，尤其是期待更长的工时与随传随到。女性请了产假回来之后，发现自己的责任减少，地位下滑，而且职位也被砍掉，这类似于我们的研究发现，女性转为兼职的时候，经常也是她们刚休完产假回来上班的时候。[11] 另一项研究的结论是女性，特别是专业女性，变成妈妈之后会被“赶出”职场。他们的研究发现，女性在变成妈妈之前，如果做的是比较弹性的工作，比较有可能留在职场。[12] 研究还发现，女性所在的组织如果比较支持工作与家庭的平衡，女性在怀孕与当上妈妈之后比较不会蒙受污名，而这些女性在生完孩子之后离开职场的可能性也比较小。[13]

我们的主要研究发现，具体来说就是工时长或超时工作对女性退出职场影响深刻，而这方面的证据也越来越充分。社会学者车滢珠（Youngjoo Cha）分析全美抽样资料，证明母亲（而不是男性或没孩子的女性）每周工作超过五十个小时的话，更有可能离开男性主导的职业，她们不是改到非男性主导的行业上班，就是退出劳动力队伍。这印证了我们的研究——长工时和母职无法相容——在工时长的女性之中，妈妈离开职场的概率，比没有孩子的女性高出 52%。兼职的人，不论是男性还是女性，更有可能退出男性主导的工作，如我们的观察，就是那些严守理想员工规范并因此惩罚了兼职人员的工作。如果只看离职的劳工（选择离开），车滢珠发现，超时工作这个因素，对于在男性主导职业工作的妈妈影响比较大，她们退出劳动力队伍的可能性是在其他领域工作的妈妈的三倍。男性超时工作，例如我们访谈对象的丈夫，比较不可能退出。由于超时工作的影响仅出现于在男性主导职业上班的妈妈，车滢珠的结论指出（跟我们一样），在理解女性为何离开男性主导的工作，以及为何离开职场时，“工作场所施加的压力，扮演了重要的角色”。[14]

后续的研究也提到，丈夫的高工时对于女性辞职的决定是有所影响的。有一项研究发现，丈夫超时工作的女性（每一周工作五十个小时以上），比丈夫正常上下班的女性，更有可能离开劳动力队伍。[15] 车滢珠的另一项研究，也有相同发现，丈夫工时长的女性，辞职的概率甚至大于有孩子的女性。这个研究再次强调了工时长与女性是主要照顾者这个经久不衰的文化假设之间的联结。[16] 我们研究当中的许多女性，都在决定辞职之前减少了工时，因此也就减少了她们对整体家庭收入的贡献。研究发现，女性的收入如果占家庭收入的比例较小，她们也就比较可能离开职场。我们的解释是，因为有丈夫较高的所得作为后盾，而使太太得以留在家里——这更多是丈夫决定继续工作的理由，而非女性辞职的直接理由。尽管如此，女性经常拿她们的赚钱能力较低，来解释为何她们的丈夫无法认真考虑辞职而她们却可以，并以此合理化她们为何把丈夫的职业生涯置于优先的位置。

展望未来：梦想遥不可及？

当我们第一次访问研究对象，她们是全职的家庭主妇。她们不仅要面对自己长期追求的职业生涯突然结束，也必须适应一个全新以及充满未知数的家庭主妇世界，而在她们的人生计划中，绝大多数都不曾想过走到这一步。转入一个“待在家里”的世界，就和转出一个工作世界一样，都是非常重大且充满挑战的事情。女性开始拥抱家庭主妇的生活，但是只有少数人彻底放弃重返职场的希望。展望未来时，这些女性不再有过往的自信声调。她们和那些在会议厅参加重返职场座谈的女性一样，她们在意的是自己重返职场的希望，将随着她们待在家里的时间变长而逐渐消逝。

凋零的梦？

在我们一开始的访问里，事实上，重新回去工作是所有女性遥不可及的梦想。一旦女性成为全职家庭主妇，每日陷入柴米油盐的忙碌之中，她们重返职场的念头也就慢慢模糊而且远去。当她们说出具体的目标，那往往比较像是她们不想要做的事，反映的是她们先前职业长久以来对她们的拒斥。

生命一度走向康庄大道的女性，此刻发现自己眼前的路，漂泊不定，充满不确定性。她们最想要的一是弹性，具体来说就是兼职；二是意义。对于这两者，她们必须看得离她们过去的职业远一点，履历上的那段空白，不仅让她们产生信心危机，也加重了她们的茫然感。如我们追踪她们几年后的发现，且如我们在后面的章节所见，留在家里带来的挑战（与诱惑），断了一些女性重返职场的念头，但是也带来一些料想不到的机会。大部分人确实重返工作岗位，但经常以一种我们第一次跟她们聊天时她们也料想不到的方式。我们跟她们都无法预见眼前这段“因为我退出这么久了，所以毫无信心”的旅程。

第二章

家务特权的警笛声

走向家务特权

梅格的老三出生之后，由于公司并不打算让她兼职，她只好心不甘情不愿地辞掉金融交易员的工作。离职的念头似乎让梅格十分恐惧，她和本研究中的众多女性一样，认定自己的身份认同来自工作上的成就。但是，在她回家当主妇一段时日之后，梅格的想法彻底改变。她三十七岁退出职场，四年后，我们对她做了第一次访谈，当时她的孩子分别是四岁、八岁和九岁，她看到了日常生活中到处有机会可以提升孩子的发展，“（孩子）不会正经八百地来找你说：‘妈，我真的需要和你聊聊学校里发生的一件大事。’而是在你开车送他们去上钢琴课的途中，从车子后座嗫嚅地说：‘妈，你觉得这件事怎么样？’有时候，我觉得他们从我后脑勺跟我说话还比较简单”。梅格继续解释，这些闲聊让

“我在匆忙中可以给予小孩许多道德和人生指引，如果我不在这里、不在他们身边，那可能会由其他人替代或是看不出……他们想要谈谈的迹象”。

随着对于自己待在家中重要性的认知不断改变，梅格重返职场的计划也有了变化。起初，她仍然下定决心要回到前老板那儿工作，她说：“我总觉得自己会回去，那扇门完全为我敞开。”但是到了四十一岁（也就是我们第一次访谈时），她宣称自己“处境不可同日而语”。现在，她心甘情愿地把职业生涯搁置得更长：“我女儿十月就要满十岁了。她和我在一起的时间只剩下八年多，然后她就要去读大学了。接下来就是另一个女儿，然后是儿子。我快要五十岁了。如果我真的想要去上班，我还有二十年的时间。”到了第二次访谈，梅格已经五十一岁了。小孩几乎都升学了，她全职在家九年之后，于两年前重返职场。[1]尽管她对于在一家小型非营利教育组织担任发展主管这份新工作充满干劲，但她人生的发展显然已经完全偏离原本的轨道。

正如梅格的故事所揭示的，一旦女性做出离职这个艰难的决定，她们经常且出乎意料地离开劳动力市场许多年。我们的追踪访问发现，大约有五分之一的女性并未回到职场，而且近期也不做此打算。但是在剩下的五分之四中，根据我们的追踪访问，女性平均全职在家的时间是十年。重要的是，很大一部分重新进入职场的女性并不是一直脱离劳动力市场，而是短暂地进进出出，同时把家庭责任置于优先的位置（这个模式在下一章会进一步讨论）。从这些女性的起点来看，这种较为常见的离职形态其实相当惊人。如第一章所述，我们的参与者满怀抱负且事业有成，几乎每一个人在自己的领域都是快速崛起的佼佼者。许多人有了第一个孩子之后都还持续工作，她们是不得已才辞职。因此我们要如何解释这种典型却令人吃惊的离职后的空白呢？

这些女性除了被有效地排除在缺乏弹性、工时冗长的工作场所之外，她们也不大愿意马上重返职场，因为这群人为了家庭，一直需要工作的弹性。然而，这里还有另一个更深层、更令人吃惊的变化。一旦回到家中，这些女性竟然越来越接近我们所说的“家务特权”（privileged domesticity）。随着时间过去，她们在家当母亲的新生活创造了一种对于母职、社区志愿活动以及传统家务角色的高度参与，非正式的说法就是，她们在丈夫赚钱的时候负责“烤面包”。女性对于家务的投入越来越深，显然是受到这些女性家里有钱的影响以及推波助澜。上述情况的出现，是因为与我们受访者经济与社会特权密切相关的两个理由：（1）她们逐渐意识到自己身为家庭主妇和地位维持者，对于强化这个家（尤其是孩子）的阶级成功与幸福相当重要；（2）她们发现在经济无虞的情况下，家务所带给她们的乐趣。第二项与她们（作为一位家庭主妇）有能力花钱找人做一些琐碎的家务事有关，比如打扫卫生，如此一来，她们就可以更专注在一些有意义和令人愉悦的事情上，比如密集的母职、社区工作，以及拥有更多的休闲时间。经过一段时间，走向家务特权在许多方面都带来丰厚的回报，但同时也增加女性对于家庭的依赖和从属地位，使得她们完全并即时重返职场变得更加困难，也更不可能。

为了这个家好：培养家庭财富

如同我们在梅格的故事所见，一旦女性回到家中，就会更加配合与回应家人日常生活的节奏、例行琐事以及各种需求（尤其是她们的孩子，还有她们的丈夫，有时候还有她们年迈的双亲）。她们切断前程似锦的职业生涯，以便好好打理自己的家庭，她们重新调配自己的野心、精力和不凡的才华，确保丈夫和孩子可以在职场上或学校里达到最佳成就，我们将此称为“维持地位”，以此区分照顾和家务工作。一段时间之后，这个过程也会将她们牢牢地嵌入高度分化与传统的性别角色之中。不论她们是否直接意识到这一点，女性作为全职母亲和妻子，以崭新的能力提供密集的“幕后支持”，有助于实现典型中上阶层的策略，尽量扩大家庭的经济与社会优势。[2]

拉抬“他的”前途

这些女性说道，生孩子之前，她们在婚姻里和丈夫平起平坐，往往拥有相同或类似的学历和工作条件。但是，随着孩子出生，家务与育儿方面的事情变得更加“传统”。这些女性几乎与一般女性无异，承担绝大部分的家务劳动之责，包括照顾孩子和年迈的父母，以及监督处理家务时各种数不清的责任。由于丈夫的工作要求很高、工作时间很长，他们无力帮忙分担家庭责任，这也可能掩盖他们无意做家务的事实。无论是哪一种，丈夫在家庭生活中缺席的结果，深深影响女性离开职场（以及一开始缩手）的决定，因为落在她们身上的，不仅要补上丈夫的空缺，还要创造一种“家庭”感。以下就是一个实例。过去在华尔街工作、体贴、热情洋溢且顶着一头红发的瑞秋·伯曼（Rachel Berman），回想丈夫的新职位如何影响她留在家里的决定：“我先生三个月前获得另一家投资银行的工作，我们都清楚他接下来的生活将有如地狱，因为他现在是到（一家著名公司的）并购部门工作……因此，我们明白他一整天都要出差……而我们决定应该要有人留在家里多注意孩子，因为现在我们已经有第二个孩子了。”尽管女性的工作对她们的要求通常和男性一样高，但她们往往把先生的工作视为首位，而把自己的工作排在后面（尤其当她们的收入较低，甚至收入高过丈夫的，也是如此）。这一项发现呼应其他研究的结果，证明变成父母身份就意味着婚姻中性别的不平等会加剧，这时传统性别角色的观念会来到前头，把男性的职业默认为首要地位。[3] 这种社会学家口中的“男性职业生涯的霸权”（the hegemony of the male career），在上层阶级和中上层阶级之间的婚姻最为明显，因为丈夫不凡的赚钱能力，使他们完全有理由免去家庭劳动之责。[4]

正如前面讨论所指出的，漂向（drift to）家务是婚姻里的变化，有些妈妈在完全离开工作岗位前就已经陷入其中。然而，许多女性表示，一旦她们辞职回到家里，先生只会越来越依赖她们照顾孩子与料理家务。有些女性观察到，自从她们全职在家之后，先生干脆就停止帮助做他们眼中只属于老婆的杂事。毋庸置疑，这些大致上并未明说的变化，又因为女性离职回家失去经济谈判能力而加剧。劳伦·奎特罗内（Lauren Quattrone）说自己在生第一个孩子而离开律师工作前和先生是“共同决策者”：“生小孩之前，我们俩都在上班，生活似乎没有那么复杂。我们分得很公平。但是当我不再上班之后，大部分的家庭责任自然都转移到我身上。你也知道，他的工作是上班，而我的工作就是赚钱以外的所有事情。”

镶嵌在这些传统分工里的性别不平等，通常要经过采访者的一番探究才会浮现，但几乎没有人说话的语气带有明显的不满。然而，证据表明，有些夫妻，尤其是丈夫，可能试图掩盖或美化这些动能。例如，我们的受访者梅莉莎表示，她那位创投资本家老公“老是”用生意比喻（带有中立性与平等性），指涉梅莉莎在生了老大、辞掉非营利组织主管工作后发展出来的传统家务分工：“他是创收，我是运营。”梅莉莎或许已经看出这句话的委婉之处，所以也开始用同样的话术达成自己的目的：“我总是对他说，‘喂，有时运营也需要一点帮助。’”

身为一名全职在家的女性，她让丈夫更能够“全职”（二十四小时全年无休）投入工作。在这个工时超长（经济学家称之为“过劳”）的时代，漫长的工时逐渐成为高学历专业人员和管理人员的常态，女性全心全意在幕后支持，显然使先生能够让自己的职业生涯重新充电并超载。[5]一度在高科技产业担任销售经理的娜塔莉·埃弗雷特（Nathalie Everett），描述自己全职担任家庭主妇，如何使丈夫能“充分利用自己的时间（并）更加成功……因为他可以把全部的时间都专注于自己的工作”。尽管有助于“提升”丈夫的事业并不是女性决定离开工作的动机，但随着时间流逝，夫妻俩逐渐了解这种策略带来的经济和家庭利益。第二次接受访谈时，六十岁出头、讲话轻声细语的丽莎·伯纳德（Lisa Bernard），说到自己公私二分的婚姻仿佛演变为一个“反馈回路”（feedbackloop）。随着她一步步从医疗事业的主管到最终放弃工作，丈夫的事业则是蒸蒸日上。比方说，自从她辞职以后，先生已经当上院长，最后还在他任职的著名研究型大学的另一所分校获得合聘。她继续说："我觉得我们两人都心照不宣。随着他越来越忙碌，我为家庭腾出更多时间与弹性，也就显得更为重要。"

有一些女性坦言，她们全职在家有时会出现"附加价值"，再加上先生明显偏好这种安排，也使她们无法重返职场。梅莉莎曾在先生工作不稳定那段时间提出重返职场的想法。但是，根据梅莉莎的说法，先生根本就不把这当成选项，他说："你在说笑吗？如果我们俩都必须按时上下班，我就不能做自己要做的事。我的意思是，我们无法再塞入另一个人的工作时间、另一个人的……这样会平衡不过来，你在家打理家务超级有帮助，让我可以百分之百专心工作，把工作做好，并且知道家里大小事都有人照料。因此，我不想用这些来换一份非营利组织的薪水。"请注意，她丈夫的这段回应隐含着计算。梅莉莎在非营利组织的收入潜力根本就不如她在家中被感知的价值——创造家庭（creating family）且帮助先生尽可能在金融业（但长工时）多赚一些钱。其他人的先生也都打着同样的算盘，在他们眼中，妻子当一名全职家庭主妇是双赢，可以改善他们的工作和家庭生活。

女性自己也经常做同样的计算。一般来说，她们把自己的工作而非丈夫的工作放在账本上的"成本"栏，并且认为“为了整个家更大的利益”，她们不得不牺牲。过去曾是注册会计师的黛安说：“我分析过，‘这些是我带进的收入，那些是为了请人照顾小孩之类的开销’。最终，跟整个家庭所承受的压力相比，工作根本就微不足道，在经济上毫无价值。”从事工作与经济研究的社会学家指出，过去几十年来，专业工作和管理工作工时漫长的现象越来越普遍，加上与“超时工作”相关的时薪奖金或分红陡升（这种分红在传统以男性为主的职业当中特别高）。这些趋势的起因，一直和美国社会日益严重的阶级不平等息息相关。其中包括经济中庞大的结构转移，以及在精英职业里赢家全拿或锦标赛式（tournament-style）补偿制度的激增（例如在法律界、学术界以及某些销售和商业环境的“非升即走”的晋升阶梯）。这些体系慷慨奖励超时工作并惩罚那些不愿意或者不能遵从的人。[6]不论起因为何，选择退出职场之后继续留在家中，对中上阶层的家庭来说，显然是理性的策略（他们的家人在竞争日益激烈的高阶行业工作）。这是在不牺牲家庭生活的情况下，尽可能扩大养家者收入能力的方式。但是选择退出职场也是一种高度性别化的策略，以牺牲太太的前途为代价，推进丈夫的职业生涯。

不是你母亲那种家庭主妇：儿童、学校和规划栽培

1950年代的电视情境喜剧《反斗小宝贝》（*Leave it*

to Beaver)，里头的琼·克利佛（June Cleaver）花了许多时间保持家里一尘不染，并为家人烹煮精致的菜肴，但我们采访的女性却有不同的重点，她们最在意且认为最重要的是母亲的角色，而不是家庭主妇，她们尤其在意自己对于培养孩子学业成功以及“全方位”发展的责任。如同我们所见，这些女性绝对不“只是家庭主妇”。相反地，她们是孩子课外活动的编导，她们是孩子课业上的教练和支持者，也是整个家庭的规划师。女性经常花大把时间将孩子从这项课外活动送到另一项课外活动，帮助孩子克服在小学课堂上遭遇到或日常家庭作业遇到的问题，紧盯他们各个社交和情感的发展阶段，促使他们参与各种丰富的教育和文化活动，并且通常会监督他们作为个人和“世界公民”的成长和发展。一旦女性离职回到家中，她们在子女生活各方面的高度参与，就成为她们转向家庭的关键因素。事实证明，对于所谓好母亲的过度期望，不仅涉及高成就母亲的职业生涯中断，同时也代表着当代美国母职的主流文化模式，亦即社会学家雪伦·海斯（Sharon Hays）所说的“密集母职的意识形态”（ideology of intensive mothering）。这种育儿模式是“以小孩为中心、专家指导、情感投入”，并“建议母亲花费大量时间、精力和金钱养育孩子”。[7] 如上所述，这些理想并不限定在上层阶级或中上阶级，但社会学家发现，这些阶级的女性可能更敏锐配合密集母职的讯息（当成专家的忠告而放在心上）。由于她们拥

有更多的资源（教育、经济等各方面），也就更有能力把严格的理想付诸实践。

确实如此，根据一项重要的研究，一提到如何落实养育子女，社会阶层似乎显得特别重要。社会学家安妮特·拉鲁（Annette Lareau）发现，她所研究的中产阶级与中上阶级家长（主要是母亲），实行的是资源与劳动更密集的育儿形式，她称之为“规划栽培”(concerted cultivation)。[8]顾名思义，这种养育方式的重点是通过异常忙碌且有组织的活动，以及密切关注与鼓舞孩子的发展需求，培养孩子的才能。拉鲁发现，即使“规划栽培”造成中产阶级家庭的焦虑以及疯狂的生活方式，但也提供儿童过渡到成年期各式各样的社会优势。这些优势包括具备更多的信心与技巧，让他们走过学校与职场当中重要领域的考验并获得成功（这些领域已经充分反映中产阶级的价值观和标准）。重要的是，她的研究还说明（且得到其他人的证实），“规划栽培”是中上阶级女性维持地位很重要的一种教养风格，也是这些家庭传承与维持阶级特权很关键的促成因素。[9]

职业女性凭借自身阶级的优点，无论她们在家庭以外的地方是否有工作，都会投入“规划栽培”。事实上，想要尽可能参与子女的学业和人际发展（尤其是当孩子的年龄逐渐增长），是一些女性最初决定辞职的重要因素。丹妮丝在药厂主管这个相当紧绷的职位一直工作到两个孩子九岁与十二岁，但这一次因为孩子的成长，她的态度也发生改变：

> 我只是觉得孩子已经上了七年级和四年级，似乎到了……保姆没办法照料……的年纪……当他们小一点的时候，需要别人对他们好、喂他们吃饭、照顾他们、对他们微笑……但坦白说，随着他们逐渐长大……会开始问问题……你很清楚，当你从学校载他们回家，他们问的问题让你吃惊，这时你的回答就非常重要——这与你的价值观息息相关，而且会在他们问“我什么时候有饼干吃？”之前就提出来。

正如丹妮丝所言，随着小孩越长越大，女性之间有一个共同的念头，那就是灌输她们的（而非保姆的）“价值观”很重要。“价值观”这个词经常出现，以至于我们开始将它理解为一个暗语，描述女性可以凭借她们特有的阶级特权对教养的影响（品味、偏好、教育倾向等），来传递社会优势与地位。

然而一旦女性离职回到家中，就会进一步强化母亲一职（现在是全职工作）。她们通常会说自己对于全职育儿的重要性有了强烈的感觉与信念，而这种想法则不断增强她们对于母职的投入。正如我们和梅格所见，强烈感受到这种信念的女性，有许多人一开始并不是因为母职强大的吸引力而离开职场，这也使得这种感觉的浮现更令人吃惊。

常春藤联盟的羁绊 女性的母职强化特别表现在渴望自己能在学业上拉孩子一把。这些女性在学校里大部分都成绩优异，而这无疑大大增强她们的动机，并意识到自己有责任培育子女的智能，提供给孩子最大的学习优势。正如凯特所言，许多人也喜欢这个过程："好笑的是，我居然以为自己已从六年级毕业了，因为我都是自己完成课业；我现在则是和奇拉（Kira）一起完成。昨晚我协助伊利丝（Elise）写论文，我真的很喜欢参与他们每一天的生活。"

想要在孩子求学过程中扮演重要的角色，乃是许多女性延后重返工作岗位和（或）延长她们离开有偿工作的关键因素。伊丽莎白的初次访谈，大多在聊她之前在一家一流公司担任管理顾问的各种细节，但到了第二次访谈时，她已经把自己主要的心思和热情转移到紧盯孩子的课业之上。已经当了九年家庭主妇的伊丽莎白说，自己并不打算立即重返职场，因为孩子们"从我的参与获益良多，如果我在上班的话，他们就无法获得这些"。前华尔街交易员瑞秋拥有精英商学院的 MBA 学位，在我们第一次访谈时透露，近期不会重返职场。瑞秋担心的是自己九岁的女儿显然没办法自己应付作业。她呼应了丹妮丝的说法——"保姆根本做不来"，瑞秋解释说："我的保姆没办法和我九岁的孩子一起坐下来写数学作业。因此，如果我下午不在家帮忙，我想作业根本写不完。我觉得她会为此感到沮丧，然后在学校就不会有好表现，问题会越滚越大……"

一旦女性留在家中，就可以敏锐地察觉到孩子成长和学业表现的各种细节。任何偏离发展常态或期望（无论多么细微）的可能，都是她们要把握住的干预机会。女性愿意竭尽全力（通常是费时）为自己的孩子发声，解决孩子求学过程遭遇的任何问题。这包括寻求昂贵的自主测验、治疗、咨询和家教，还有诊断和改善学习问题（有时学校老师并不认为有这些问题）；把孩子转到寄宿学校或其他专门的私立教育机构，以确保他们受到更多个别的关注，并且（或）在课业上获得丰富的支持；在少数情况下，甚至还可以让她们的孩子在家里自学。

两名母亲加入了所谓的"学业红衫计划"（academic redshirting），也就是让有可能是班上年纪最小的孩子延后整整一年再进入幼儿园或一年级。这样做的目的是让孩子在班上更有发展优势（或避免陷入劣势），这是富裕白人家庭最常见的做法。[10] 在这两个例子中，母亲都想让孩子参加红衫计划，以克服已知（年纪小）的学习问题。其中一位母亲梅莉莎抱怨，有些父母做这件事情时并不老实（就是帮自己平凡的孩子在班上名列前茅）。她也承认这样做，会逼着其他父母有样学样，就为了让自己的孩子在课业上出类拔萃。

但是在教育轨道的另一端，有些女性则大张旗鼓地推进孩子大学录取的过程——这对许多支持孩子学业发展的父母而言可以说是终极目标。为了提高子女进入精英大学（尤其是常春藤盟校）的机会，这些母亲积极参与规划子女申请大学的程序。只要一有问题，像是动机不足或成绩不够突出，就可以通过专业的大学咨询和一对一服务积极处理。

曾是顶尖公司律师且毕业自常春藤盟校的布莱尔承认，自己给独生女艾琳极大的压力，要女儿跟她一样读常春藤盟校。她说："这件事让我异常焦虑。"虽然女儿在视觉艺术上有着天马行空的才华，但布莱尔还是担心艾琳的竞争力不足，因为她的成绩还不够完美，也缺乏明确的生涯规划。女儿就读的那所知名寄宿学校的指导老师，确认了布莱尔的恐惧，她提出令人崩溃的建议：艾琳只能申请一些布莱尔之前听都没听过的大学，没有任何一所常春藤盟校。"我很失望，而她感到失望的主要原因是，她知道这对我和山姆（她的丈夫）都很重要，因为我们两个都上过（常春藤盟校），而山姆的父亲曾在同一所常春藤盟校任教；还有他的哥哥，我的意思是——至少可以说，这件事非常重要。"

布莱尔下定决心要证明指导老师看走眼了，她开始严格执行计划，以确保女儿可以进入顶尖大学，最好是进入她和先生两个人读过的学校。她说到指导艾琳申请大学的过程："我必须承认，我陪着她一次又一次看过她的论文。我和她父亲都经历过大风大浪，什么都见过，我们拜访每一个认识的学者。"全力以赴地努力，最终获得回报，艾琳父母读过的那所极具声望的大学，还有另外一所常春藤大学，都录取了她。艾琳特别喜欢后面这所学校，最终也决定要去那里就读。

更多的课外活动　今日有钱家长“规划栽培”的关键，就是让孩子尽可能从小就参与各式各样组织良好的活动。这些活动有时可能是孩子休闲快乐的来源，但从父母的角度来看，这些活动有更为正儿八经的目标。通过鼓励孩子广泛参加各种课外活动，父母希望发现并培养孩子特殊的天赋和能力。也许，家长承认这些活动可以帮助孩子从中获得社交技能、态度和气质（这些就是社会科学家所谓的“社会资本”），让他们在学校和职场中更上一层楼。[11] 女性知道自己身为一名家庭主妇所扮演的重要角色，就是无时无刻都可以开着车载着孩子，到远处（有时候要跨州）参加体育活动、练习、社团开会，还有比赛。

许多女性大量参与孩子的课外活动（尤其是在小学和中学阶段最多），投入的时间简直和兼职工作一样多。凯特细数三个女儿（年纪从十岁到十四岁）参加的一连串令人眼花缭乱、丰富充实的活动，每一个小孩每周分别有六到八个行程。值得注意的是，有一些活动需要大量的时间、心力、计划、能力、资源和设备等接近专业的活动。例如，三个女儿都参加了精英游泳俱乐部，俱乐部要求每周练五次，有时候周末还要一起游泳。三个女孩也都是划船俱乐部的队员，老二的表现很杰出，所以经常要参加在各地举办的全国比赛。凯特描述这些耗时的活动时，语气很温和，完全不谈自己的牺牲付出："划船是一项家长要自己动手的运动，设备非常笨重又占空间。我有一辆拖车可以挂在我的 SUV 上，这样才能将她们比赛的赛艇拉到不同的地方。当她们划船时，几乎就是一整天的活动：上午八点半之前准备好，大约下午四点才离开水面。所以我有很多时间在附近等待，这也让我可以好好看书或织毛线。"值得注意的是，原本有意重返兼职工作的凯特，已经决定等到秋天，也就是在女儿严酷的夏天划船季节结束后再去找工作。

律师贝蒂娜·梅森（Bettina Mason）已经当了十九年的全职家庭主妇，她对于自己的牺牲并没有那么乐观。孩子现在已经长大，她语带讽刺地回想过去因两个女儿半职业地参加足球和网球训练，导致她的载送负担非常大：

比较优秀的网球俱乐部要二十分钟车程，来回总共四十分钟，在那里等她们上课，实在没有太大意义，因为她们每一次上课要两三个小时，一个礼拜三到四次。但我确实这样做了……记得那时候会觉得需要放一台微波炉在车上，还有冰箱……有时候你心里会想："她们真的知道我曾是一位律师，在一间大律师事务所上班吗？"因为，实际上我现在的感觉就像（笑）是一名用人。只是，有时候会有这种想法，但显然我心甘情愿做这一切。

尽管语气中不大听得到抱怨，但贝蒂娜的说法揭示了背后的现实：女性对子女未来生涯发展的投入日益增加，却让她们自己的生涯付出沉重的代价。

自愿做密集母职与地位维持　弗朗西丝·英戈尔斯（Frances Ingalls）语重心长地说："我是个全职妈妈，但事实上并没有花太多时间在家里。"她曾经在公立学校教书，过去二十一年来大部分的时间都没有从事有偿工作，而是忙着在社区担任志愿者，将心力放在另一份无偿事业上。弗朗西丝多年来投入各家致力于女权议题的非营利组织，她发挥各种领导能力，像是担任理事、募款人，甚至是其中一家组织的创办人 。一般来说，她每个礼拜要花十到二十个小时在这些活动上面。

她对于担任志愿工作满腔热血，弗朗西丝既是我们眼中常见的女性，但又有罕见的一面。她就和其他许多女性一样，离开职场后，马上投入社区里各式各样的志愿活动，以此取代她觉得居家生活所缺乏的一些东西，例如人际关系、精神刺激和目的感与成就感。她就像其他女性一样，愿意花大把时间和技能在这些活动上，而且投入程度越来越高，甚至到了职业水准。

但是在某个重要面向，她又有点不同于一般人。我们采访的女性之中，做志愿工作的目的，几乎都是提升自己的社区生活和家庭生活。几乎没有什么人像弗朗西丝这样，将自己的时间和技能奉献给慈善活动或政治与社会事业，让这些事情带来的益处超过自己的社区或社会领域。由此看来，这些女性离职在家后从事的高阶志愿活动，可以视为她们母职和维持地位角色的延伸与进一步强化，因为这些无薪活动大多是为了规划栽培子女的社会资本和课业资本。值得注意的是，女性越卖力做志愿者，往往也就会越投入家庭事务，并且远离有薪水的工作，即使这会扩展她们在家庭以外的活动。

虽然她们志愿工作的角色五花八门、形形色色，包括班级妈妈、家长教师联谊会会长、主日学老师、科展组织者、学校募款人、童军团长、学校或教堂董事会主席等，但迄今为止许多人的重心、最受欢迎的志愿活动，仍是在她们孩子的学校里。学校的志愿工作帮助她们走进孩子在家庭以外的世界，包括教室、操场、同学与同学的家长，还有孩子个别层面的生活，这些她们都想充分参与。这项工作也提高她们对学校职员的影响力，从老师到行政管理人员。唐娜·哈利（Donna Haley）细数自己大量参与的重要动机（其他女性或许比较能体会）："我在各所学校当志愿者发现了一件非常有用的事情，那就是这些活动真的有助于你和（社区中）'有权有势'的人建立关系。"

正如唐娜上面的说法，女性充分意识到自己参与这些高阶的志愿活动，得以提高自己在社区和子女在学校中的形象和影响力。过去是销售经理的帕特丽夏·兰伯特（Patricia Lambert），已经在孩子就读的私立中学（后来也在孩子就读的两所精英大学），连续担任更高阶也更有声望的董事会董事。她兴高采烈地谈到从中获得的地位和成就感："我想这可能是我感到全心投入并觉得有价值的最好例子，我真的可以运用各种技能和知识技巧、个人技巧，以及所有我热爱的领导才能，而且我觉得自己做得很好。那里的董事会表现很杰出、知识水准很高，是一个真正有活力的董事会，于治校扮演非常积极的角色……这是一个非常棒的董事会。因此，我曾经两度担任策略委员会的主席。这真的带来很多活动，而且对我来说实在非常非常值得。"

尤有甚者，许多女性投入了教育基金的募款工作，有的在她们孩子的学校，有的在当地社区里的教育基金会（募资来丰富本地学区的活动）。女性通常将这些活动视为直接手段，凭借她们高超的做生意与专业技巧来扩大或增加孩子学校的资源。梅格也一头扎进本地学区的教育基金会。她最终成为募款总监，在经济大衰退那段时间，代表孩子的公立学校募到超过 200 万美元的资金，用以充实学校图书馆，彻底升级教室的教学设备，并邀请作家和艺术家来上课以丰富课程。尽管她的孩子偶尔会开玩笑说她把所有时间都拿去做志愿工作，但梅格清楚孩子"感到非常骄傲，因为他们在自己的教室里，就能看到这些活动带来的好处"。

讽刺的是，这些令人印象深刻的志愿募款活动都是在那些经费充裕、资源丰富以及“一流的”公立学校学区和私立学校学区。比方说，梅格本人提到，自己孩子就读的当地中学（也是她募款活动的受益者，长期以来都被视为郊区超强的公立学校体系之一），最近才被一份全国性的新闻杂志评为全国排名前 100 的学校。因此，这些女性才华的“回馈”，主要是丰富了她们原本条件就已经很好的家庭与社区（加剧贫富之间的不平等）。

有些女性投入的志愿工作旨在帮助“有需要的人”，但这通常只是伴随着主要目标而来，她们并不以慈善为出发点，而是要为孩子描绘在他们富裕的郊区之外更广阔的世界，并灌输他们“正确”的价值观。女性志愿参与的情况紧紧跟着子女学校和课外活动的起伏。唐娜的话，很有可能是许多女性的真实想法，她承认自己的志愿工作主要与自己孩子的教育参与绑定，“当小孩离开校门那一刻，我根本就不会再做这些事情了”。

世代加速：为母过度疲劳 即使我们访谈过的每一位女性都做了规划栽培的密集母职，但有不少人看到其他家长也采取同样做法时，却充满批判。她们对于高度投入育儿工作的后果忧心忡忡，严厉批评她们眼中“过度安排”（overscheduled）的童年，以及对儿童的密集施压。弗朗西丝特别指出：

我的烦恼之一是，父母过度安排孩子的时间。有一件非常不同于我们小时候的事，现在的父母很热衷于给孩子提供一切的经验与物质。我们住在有钱人的地区，所以这一点更为明显。但是我遇到很多父母，他们让孩子一项活动接着一项、另一项活动接着另一项。孩子从来没有任何休息的时间。那真是个大麻烦……同一批父母会让他们的孩子一周上五天芭蕾舞课，因为他们六岁的时候就开始竞争……这样简直是要培养奥运选手。因为我们可以提供一切资源，我们的孩子就要成为最好的。

楠曾经非常担心自己的小女儿对课外活动意兴阑珊，同一次采访的后半段，她却抱怨其他母亲在孩子身上施加不健康的压力："我每一个孩子都带着故事回家，谁跟谁的妈妈所讲的话，像是'她说如果他参加一个社团，再加上 SAT 分数和在校成绩，就可以申请到常春藤盟校'。"

有些妈妈愤愤不平地说作为这些严格标准的执行者，让她们倍感压力。三十九岁的莎拉·伯恩海姆（Sarah Bernheim）曾是销售主管，接受追踪访问的时候还全职在家照顾四个年幼的小孩，她说："我认为现在的父母神经绷得太紧了，做得太多，并且认为他们必须为孩子做更多事情。他们必须让他们上每一种课程……必须让他们参加每一项活动。"

几位女性都点出，目前抚育孩子的新压力，几乎要求其中一个家长选择退出职场（显然是母亲），曾是非营利组织高阶主管的梅莉莎提道："我认为照顾孩子变得越来越困难，这就是为什么我认为很多家长选择其中一人留在家里，全心全意安排孩子的行程，并为他们创造良好的环境。"

当我们要求这些女性思考自己和父母那一代在抚养子女做法上的异同时，她们最常出现这样的评论。这些女性几乎异口同声地说，现在的父母有更多且更大的压力要积极参与子女各方面的生活。正如上一代专业人士和管理人员的工作"加速"（speedup）一样，研究也指出，育儿工作也在"加速"，而理想母职的要求也不断强化，特别是在富裕人家之间更是如此。这些理想可能会让贝蒂娜这样辞掉律师、全职在家陪小孩走过孩提与青少年岁月的母亲，觉得自己"如果没有时间全心投入，就是个不称职的母亲"。时间分配的调查反映出此种样态，当代母亲每周花在育儿的时间比起 1960 年代的母亲大约多了 30%。[12]

更具体地说，针对当代专业和管理阶层育儿策略的研究表明，密集化育儿的理想及做法，可能是在回应变化多端、更不稳定的经济环境，在如此不确定的环境中，现在中上阶级的家长更无法确定自己的孩子有没有能力复制其特权阶级的位置。[13] 例如，社会学家玛丽安·库珀（Marianne Cooper）研究不同阶级背景的家庭如何应对日益严重的经济不安全。她发现中上阶级的家长敏锐地意识到（相对于工人阶级的父母更明显）经济全球化日益增强的竞争本质，这“加剧他们对孩子最终表现良莠不齐的焦虑，也提高他们对孩子的期望”。[14] 在她的研究中，富裕家庭的特色往往有一位负责养家的过劳父亲，和一个受过良好教育留在家中照顾小孩课业与社会发展的全职母亲。这项研究和我们的研究都指出，选择退出职场并转向家庭，可能是中上阶级家庭越来越担心地位不保而有的反应，他们通过加倍努力来维持自身的阶级优势。

所有人的照顾者　一旦回到家里，女性经常变成大家眼中的照顾者，不仅是自己的子女，还有年迈的父母、公婆，以及家族里其他需要照顾的人。对于一些女性来说，这成为延长她们离开职场时间的另一个因素。她的先生、兄弟姐妹和家族里其他人似乎假定，因为这些女性已经在家，所以她们有时间也有意愿扛起照顾家族里每个人的身体健康以及老年人的责任。女性愿意一肩扛起，有些人也的确乐于承担。米尔拉·洛佩斯（Mirra Lopez）过去是一名工程师，接受追踪访问的时候，她已在家待了十二年，也成了负责照顾年迈父母的人（她每周要照顾八到十个小时）。米尔拉的性格平静，待人亲切，她说：“我确实承担了更多照顾父母的责任，因为我又再度掉入‘我有时间且愿意’的圈套。我甚至不愿意让我的兄弟插手，因为我说：‘我会搞定的！’”

丈夫的工作安排得满满的，而且也缺乏养育子女的能力（就是这种情况迫使女性脱离自己的职业生涯），这也意味着他们无法照顾自己年迈的父母；因此，女性也经常成为她们公婆年老时的主要照顾者。正如阿曼达所言：“家里的公婆有一些健康照顾问题。先生的母亲中风，接下来就有很多事情要处理。大家一直以来都把我视为理所当然的家庭医疗总管（笑）。”

有些女性受访时提到，就算儿女几乎或是完全离开家里，但照顾长辈是她们一直无法重返职场的原因。外表纤瘦、精力充沛、曾担任销售主管的帕特丽夏在接受追踪访问时，她的儿女都已离家，那时她已经离开职场十八年。她描述了自己如何处理父母一连串严重的健康问题，包括对抗最终夺走父亲生命的侵略性癌症，还有八十五岁母亲的两次心脏病发作。虽然帕特丽夏曾经异想天开地想重返职场，但她和先生都同意：“对我来说，重要的是生活有所弹性，可以让我放下一切。”

发现家务特权之乐

一旦女性回到家中，经过初期的矛盾和许多惊奇之后，女性会发现全身心投入母职和社区志愿活动的乐趣与回报。这些发现增加她们待在家里的意愿，也让她们进一步漂向家务特权。

或许对女性来说，待在家里最令人愉悦的一面，就是有时间以更悠闲的步调呼吸、放慢节奏过日子。较为缓慢的步调，让女性充分感受到为人母内心的满足感。那些工作一直很忙碌的女性，对此反应最为强烈。丹妮丝曾热爱自己在制药公司的高阶主管工作，但随着药厂重组且变得“越来越像公司”，她也越来越倦怠。根据丹妮丝的说法，这表示她那时被期待要做“三份工作”而不是一份（而且薪水没增加）。同时，丹妮丝开始觉得夫妻两人（她先生是一家公司的律师，上班时间很长）正错过两个小孩青春期初熟的岁月。决定辞职的那晚，丹妮丝意识到：“我觉得我们买下了一切，但却不曾拥有一件我们夫妻俩都想要的东西，那就是陪伴小孩的时间。”

这呼应了不少女性的说法，丹妮丝内心有一种从繁重工作要求中释放出来的喜悦，女性很珍惜这些多出来的时间，只是和孩子一起出去玩，开心地看着小孩成长，而且这些感受往往不会随着时间流逝。玛丽娜·伊舍伍德（Marina Isherwood）接受追踪访谈时已经重返职场，离职的十年间，她待在硅谷的富人区照顾孩子，她对此一点也不后悔：“我很高兴在（孩子们）中学和高中时可以在家陪他们。这可能主要是为了我自己……我喜欢去看篮球比赛，还喜欢去看棒球比赛，也喜欢听爵士乐。待在家的时候可以做这些事情，实在令人开心。这样不但不会错过任何趣事，同时也不会错过孩子有可能误入歧途的迹象。”

选择退出职场也开启女性在生活中变成专业志愿者的空间，许多人从中获得很大的满足感。事实上，她们经常从社区服务中获得很大的意义、地位及乐趣，一点也不输甚至超越她们过去在职场上的经历。志愿活动的乐趣以及家庭本身的弹性，降低女性迅速重返职场去领薪水的诱因。实际上，它让一些女性即使处于空巢期也避免再去上班，这样她们才能继续把家庭活动、度假和探访长大的孩子排在前头。贝蒂娜从“改变他人的生活得到极大的满足感”，也喜欢志愿活动带来的弹性，让她得以固定出游，还能参加两个女儿在中西部和东海岸的大学网球比赛。所以她说：“我没有选择职场，因为我希望能够尽全力安排我的志愿活动。”

除了有更多时间沉浸在亲子时光中，并且实质参与社区之外，女性还发现了料想不到的其他乐趣。最主要就是有更多的休闲及自我发展的机会。即使在辞职前，女性的财富就能带来高品质的生活，她们住在漂亮、设备齐全的房子里，通常位于安全、绿树成荫的郊区，有良好的学区且邻近公园，并拥有现代生活的一切舒适环境。但是现在，她们真的有时间品尝周遭的日常乐趣，包含物质与社会的乐趣。这些意想不到的满足，缓解了她们刚回到家里那段时间的矛盾感受，随着时间过去，最终也加深她们漂向家里的信念。

活力十足、顶着一头金色短发且有着运动员身材的劳伦，在我们第一次访谈的六年前，就已经辞掉律师事务所的高薪工作。她否认辞掉工作留在家里照顾两个孩子有何痛苦，即使她先生的法律事业蒸蒸日上（她和先生是在就读同一所知名的法学院时认识的）。事实上，根据劳伦的说法，她是个幸运的人："我不得不说自己的日子过得比他好上许多。他真的很卖命工作。如果他每天可以挤出半小时去游泳，那对他来说就是很大的享受。我可以去爬两个小时的山，和朋友一起吃午餐，并为社区做点事。我完全不觉得这对我不公平。"女性在家的时间增加她们对于"生活品质"等问题的认识，如我们在后面章节会看到的，这通常会减少她们想迅速重返职场全职工作的念头。唐娜离开法律工作休息的三年期间，养成了"一定要有良好生活品质"的渴望："生活品质对我来说意味着，有工作却不用让工作掌控（我先生和我做的）其他事情。因为我们想要的是，随时能坐上自己的船，说出发就出发（到附近的州）。我们都是忠实的运动迷。我希望能去看自己球队的比赛。我想要掌控这些事，我也想要去旅行。"女性也利用闲暇之余探索个人兴趣和不为人知的面向。她们说到正在做的新活动和爱好（或重拾旧喜好），例如摄影、演奏乐器、学习新语言、上艺术和建筑课程、加入读书会，最后是认真运动。一位曾经是律师的受访者，甚至自豪地承认自己正在写一部法律惊悚片。

令人讶异的是，随意延长度假时间以及有时候可以轻易配合先生休假的时间来一趟精心策划的家庭旅游，竟然是打消一些最富裕女性重返工作的主要原因。梅莉莎就是如此，她先生靠着风投致富让他可以充分掌控自己的行程。接受追踪访谈的时候，梅莉莎详述自己和家人在过去三个月四次合计一个月时间的度假。当我们问她是否打算重返职场时，梅莉莎听起来很迟疑，因为她认为工作会影响家庭频繁的旅游计划。

对一些女性而言，渴望拥有充足的休闲时间胜过上班，这绝对与年纪渐长以及渴望放慢脚步与准备退休甚至提前退休有关。布兰达·多德（Brenda Dodd）就是其中之一。她五十九岁就从二度就业的职场提前退休，因为夫妻两人意识到："我们的健康正在流失，所以我们要利用每一个可以旅游的机会。"

特权的诱惑？

从追踪访谈可知，女性往往离开有偿劳动很长一段时间（偶尔做点兼职的事），这显然与她们辞职之前快速晋升的轨迹有着天壤之别。从客观的角度来看，这些女性至少在很长一段时期成为俗话所说的"家庭主妇"——也就是她们观察到老板所娶的那种太太，但没有几个人一开始就想要变成那个样子。

我们的访谈显示，除了女性不愿意回到缺乏弹性的工作之外，辞职之举常会导致一个看似不可逆地漂向家务特权的世界——一个让她们感到值得与愉悦的舒适圈，即使这让女性沦为被扶养人。有鉴于此，人们可能会把家务特权视为一种父权交易：这场权衡取舍是女性被家务特权带来的喜悦所吸引，牺牲了她们身为女性的利益（拥有经济和社会自主权），以换取全家以阶级为基础的利益。[15] 然而，考虑到女性处境的现实局限，例如冗长的上班时间、先前工作的缺乏弹性，还有以丈夫的事业为优先等，也就很容易理解“富裕的家务”（affluent domesticity）似乎是一种合理而有吸引力的选择。从阶级的角度来看，这些变化还说明看似过时的男主外女主内的传统，事实上是特权家庭在竞争日益激烈、赢者全拿的经济下，竭尽所能扩大其经济与社会资本的策略（即使增加了这些家庭内部的性别不平等）。

另外，有人可能会认为，女性脱离先前的职业漂向家务特权，是一种沉默的抗议，针对的是那种没有人性、需要全心全意投入、长时间工作的文化。从这个观点来看，女性的家庭经验所透露与证明的是，她们有机会达成一种更健康也更有意义的生活品质，把重心放在家庭、社区的参与还有自我探索。虽然有机会这样做的可能是有特权的人（尽管是受到出身所限——这是另一个矛盾），但这也显示出重新想象与调整工作的潜在好处，如此一来，所有员工都可以取得工作与生活的平衡，并因此得以增进健康与福祉，而非职业倦怠与选择退出职场。

尽管职业生涯明显中断，但大多数女性仍渴望并最终按照自己的意愿重新加入职场。但是，正如我们将在下一章所见，她们留在家里的时间，以及她们的价值观和观念所经历的变化，深深影响了她们重返职场的“方式”“领域”“时机”，以及她们往后的职业生涯。

第三章

家庭优先：慢慢回归职场

经过长达一年的“家庭照顾假”之后，丹妮丝准备回到职场。但是她并非回到原先的制药公司担任主管（这份工作必须二十四小时待命，这让她身心俱疲而无法专注在孩子身上），而是决定转换跑道。她打定主意在老幺上大学之前，只接受能配合家庭生活节奏的工作。对于丹妮丝来说，要达到这个目标最简单的方法，就是担任兼职顾问。她过往在生物技术领域备受推崇，因此她十分有把握可以毫不费劲地开展业务。更重要的是，丹妮丝很清楚，如果处理得当，顾问这份工作可以让她配合孩子上学与放假的时间安排行程。

由后续访谈得知，丹妮丝精心安排的计划，显然非常成功。担任兼职的自由工作者（后来成为中学的科学老师），使得她一方面可以“离开岗位投入家庭”，并“保持对自己职业的熟悉度”。当她的孩子外出上大学，她随即重新走上过去的工作生涯，目前是一家小型制药公司的副总裁。

几乎每个人都一样，女性重返职场寻找的，都是允许她们把重心优先放在家庭生活的工作，而且如同丹妮丝，这个目标并不难达成。但是，很少有女性能够像丹妮丝一样，以一种轻松、一贯或充满信心的态度，长期驾驭重返职场之路。

以玛丽娜为例，她之前辞去一家医疗集团里繁重的销售总监一职（她在这家公司掌管 1.5 亿美元以上的业务、销售和推广工作），这样她才能多多参与孩子的学校生活。她和丹妮丝一样，重返职场都是做兼职顾问（每周工作十至十六个小时），为的是能够专注于家庭，同时也不脱离自己的专业。但是，自由工作者并不像玛丽娜所期望的那样有弹性。客户有时会要求她在孩子下课后的时间开会，这是她一直不愿妥协之处。这些年来，她越来越受挫，后来干脆彻底辞职，理由是“我无法同时满足（客户的）需求和家庭的需求，因此我决定原则上要把家庭的需求放在首位”。玛丽娜沉思了一下，又特别强调：“你多多少少必须设定底线，任何事情一碰触底线就要放弃。”玛丽娜因此又退出职场十年，直到她最小的孩子进入大学，她才回去工作。

一次只用单脚跳

选择离开职场和重返职场的现象，常被说成全有或全无的零和选择。如同童话故事中的女主角总是以结婚画下句点一样，对于选择退出职场的女性，媒体报道通常以女性幸福拥抱家庭作为结局；这个说法意味着选择退出是女性职业的终点。[1]在比较罕见的情况下，媒体会聚焦于职业女性如何重返职场，并且通常将之描述为需要穷尽洪荒之力（而且常常充满挫折），不顾一切地从家务转变到重新启动全职工作。[2]这些叙事并不精确，我们的研究发现会说明其中原委。

首先，尽管家务特权令女性感到愉快，但大多数女性总是想要而且最后也真的重新进入职场。我们持续追踪的受访者当中，有五分之四（四十三名女性中的三十四名）最后都返回有偿工作，这符合她们首次受访时表达重返职场意愿的比例，那时她们仍待在家中。女性第一次离职到第一次重返职场这段离开劳动力市场的时间长短，差距颇大，从几个月到十八年不等，但平均值大约是六年。这些发现呼应了职业妇女工作模式的实证研究，亦即大多数女性在职业生涯中断之后，都渴望并最终真的会重返工作岗位。[3]

其次，我们发现大多数女性与媒体描述的重返职场现象相反，她们并未拼尽全力回归。实际上，重返职场通常是缓慢、时而蹒跚前进的过程，最常发生在两个不同的阶段："家庭优先"和"职业生涯重启"时期。媒体通常会漏掉（因此会搞混）这两个阶段。实际上，女性在这两个阶段的经历，是截然不同的。一旦这些女性最年幼的孩子进入全日制学校，她们就会以家庭优先的方式，重新加入劳动力队伍。由于此时家中尚有年幼的学龄儿童，因此女性在返回职场的最初阶段，会继续大力投入密集的母职工作，尤其着重于子女的教育活动，以及有助于家庭阶级特权的传承与地位维持的活动。因此，她们特意选择了工作时间不长但非常有弹性的工作，使她们能够继续以家庭为优先。家庭优先阶段的时间长短不一，但通常会持续大约四年，直到最小的孩子读完小学，大部分的女性才开始尝试全力回到工作岗位。

全部女性当中，大约有四分之三最初重返职场时，是以家庭优先为主，她们是这章的重点。第四章将说明女性重返职场的第二阶段，也就是女性最普遍重操旧业的时期。在这两个阶段，女性对于工作的态度会重新转变。少数女性（大约有五分之一）在我们后续追踪访问时，仍然没有重返职场，也不打算工作；这些女性和她们的故事将在第六章讨论。

保持熟悉

第一章已经详细介绍这些女性在选择退出职场前快速晋升的职业生涯，以及她们内心对于退出职场的强烈矛盾。大多数女性仍然坚定地期望在将来的某个时刻恢复自己的职业生涯。但是，她们在家务特权的经验大大提高她们投入以性别和阶级为基础的密集母职及社区工作。因此，当女性蠢蠢欲动想要重返工作岗位的时候，她们的渴望就会被家庭优先的愿望大大冲淡，至少在她们子女年幼时是如此。她们认为工作是一种参与、身份认同、意义与补贴收入的来源；但她们的热情和投入往往在下午三点（也就是学校放学）结束。

女性在这个阶段重返职场的动力，并非想要重启职业生涯，而是希望在工作领域保有一个立足点，为之后更全面的回归做好准备。丹妮丝就是一个活生生的例子。她从事兼职顾问（每周约十五个小时），工作的范围往往有限、挑战性较小，而且有时“非常无聊”。丹妮丝坚持下去的原因是，“我现在这样做是为了保持熟悉感，并且与时俱进……这是和过去的业界保持联系的方式，这对我来说意义重大”。基于相同的理由，原本担任交易员的梅格，在辞职后不久，抓住一次偶然的机会开始在所属领域接点小案子（每周仅五个小时）。尽管那时她的老幺仍处于襁褓时期，她根本不觉得自己已经准备好完全重返职场，但她仍然觉得这是“让自己留在业界大门内”的机会。几年之后，她不再做这些投入有限的工作，因为开会有时候会影响她到幼儿园接儿子的时间。

对于像丹妮丝和梅格这样的女性，“保持熟悉”（即使只是几年的时间），都可视为一种预期未来可以更完全回归的展望策略（forward-facing strategy）。但是，对于其他女性来说，这更代表了一种往回看（backward-facing）的策略，主要是借此面对过去的身份认同流失，以及摇身一变成为全职家庭主妇的心情。有些女性通过寻找（更积极地掌握机会）要求较低的工作来解决这一问题。通常，这些女性是在第一次辞职后的一年内重新工作，先做几个月或几年工时较短的工作，然后随着她们越来越投入家里的新生活，最终完全放弃工作。在我们第一次采访中，过去担任老师的菲丽丝·斯图尔特（Felice Stewart），说她辞职后不久就“感觉到空虚，仿佛我一定要工作。我没有收入”。大约有一年的时间，她参与了一项网络销售计划，每周有几个小时向她的亲朋好友推销化妆品。这项工作提供了一个社交渠道（“我的姐姐在，我的朋友也在，我们一起度过愉快的时光”），也让她有一种事业感和目的感。但是，随着这些需求逐渐被越来越投入的志愿活动还有孩子的生活取代，她对工作的投入就“逐渐减少”。

离开大型律师事务所一年之后，劳伦也开始做些时间自由的接案工作，借此面对她过渡到家庭的这段时间。两年来，她轮流在当地的法学院教书、批改律师资格考试，或是接一些撰写法律文件的案子。她轻描淡写地解释，这项工作“使我有理由穿裙子、梳头发，走进市区”。两年后，她投入家里的新生活，怀了老二之后，她放弃所有有偿工作，然后就这样过了十八年。

基本上在这个阶段，大部分女性返回职场的主要原因，都不是为了薪水，但薪水还是有推波助澜的效果。一般来说，太太赚的钱被视为“补充”收入。正如卡伦·戈登（Karen Gordon）所说，她丈夫的全职工作（担任工程公司的高阶主管）“支付账单”，而她的兼职工作（担任接案工程师）支付额外支出（一些额外的奢侈品）。女性用这种方式贡献家里的收入，并实现一定程度的财务自主（即使只是微不足道），这为她们带来了满足感。因此，这是一个虽然没有明说却很重要的动机。

尽管不多见，但少数女性比自己预想的更早返回职场，因为她们的先生在家里手头较紧的时候，希望她们可以外出工作、贴补家用。原本担任编辑的楠就是如此，在老幺七岁的时候，先生敦促她接下一份当地青年体育联盟的兼职秘书工作。楠抱怨道：“我讨厌这样，这是我丈夫的主意，但这会带来一些外快。”值得庆幸的是，这份工作可以在家中弹性安排工作时间，并且让她的电脑技巧赶上时代。正如我们在下一章将看到的，家庭经济状况对于女性重启职业生涯的时间点，扮演了更重要的角色。

拥抱零工经济

女性在家庭优先这个阶段重返工作的方式，很大程度上取决于她们选择不做哪些工作，而不是她们实际重返工作的策略。有关此主题的其他研究显示，绝大多数女性（只有一个例外）都选择不返回前雇主的工作，她们从过往经验得知，如果走回老路，几乎找不到有弹性的工作，而这是现在她们相当重视的一点。[4] 在这个阶段，女性试着让工作围绕在家庭生活的周围，因此她们寻求时间与工作要求都不高的工作（一般来说每周不超过十五个小时），让她们可以尽量控制自己的行程。

我们的受访者使用两种主要策略来完成这些目标。第一个也是最常见的策略，是**在她们先前的职业中**担任兼职的自由工作者或顾问。有将近五分之三的女性用这种方式重新进入职场。女性可以在她们之前的各个专业领域，包括法律、工程、健康照顾、金融和销售方面找到顾问的工作。

这是一种常见的策略，因为自由工作能结合工作连续性（把之前的专业技术与网络关系延续下来并且与时俱进），还可以尽量控制行程与拥有弹性（后面这项优点的唯一例外是，如同本章前面玛丽娜所叙述的情况，一旦接案工作要联系许多客户，还要面临快速推进的截止期限，就没那么有弹性了）。自由工作通常也允许女性在家工作。此外，以接案为基础的自由工作，允许女性在自觉能力许可下多接一些或少接一些案子。

丹妮丝描述自己如何有办法管理客户的期望，并利用接案工作有限的性质来规划适合孩子校历的工作行程表：

我说：“我每天可以工作九到十个小时，也可以二到三个小时。而且我晚上可以做些事情，我在暑假不出差也不工作。因此，如果这对你来说没差别，而且在其他十个月之中，你需要执行一个案子——还有，学校放假期间我也不上班——我很乐意帮忙。”大家都说：“哦，当然！”他们有许多工作让我做，多到已经超出我能承受的范围，我非常小心不要接下太多工作。

正如我们将看到的，在职业生涯重启阶段，把全职或更多兼职工作安排在一起可能很棘手。但是在家庭优先的阶段，女性偏爱只要她们投入部分心力的工作（再加上丈夫的收入足以养家糊口为保障），让她们可以随意拒绝不适合家庭行程的案子。

女性在这个阶段使用的第二种策略是从事**先前职业领域以外**的大量临时工作。这些工作是兼职的非专业或半专业工作，由于工时不长且要求不高，因此允许人们弹性安排工作时间。于是女性成为办公室经理、特百惠（Tupperware）和雅芳（Avon）销售代表、自由接案的律师助理、代课老师、医疗办公室的值班助理。出乎意料的是，在家庭优先阶段，有五分之二的女性是以这种类型的工作开始重返职场的。有别于她们之前法律或商业的专业，那些专业的兼职工作只是名义上的兼职，却往往需要全职的工作时数，而这些非专业或半专业工作相对来说压力较小，而且（心理和情感上）要求没那么多。在这些工作之中，有许多都可以让女性按照自己的希望决定工时长短。即使是如代课老师之类需要待命且不一定能控制工作时间的职位，也允许女性回绝不符合自己行程安排需求的任务。

这两种策略有一项共同点：女性拥抱临时劳动力市场的工作——或称为“零工经济”（gig economy）。[5]尽管临时工作有着大家都知道的缺点，比如工作没有保障，缺乏雇主提供的福利保障（例如健康保险，社会保障，失能、失业保险或退休福利）、不如传统职业生涯那样有发展机会，但因为这些工作相当有弹性，所以对于女性来说，十分有吸引力。她们从过往的辛苦经验得知，在这些“好工作”（专业与终身雇佣）里，几乎不可能找到对家庭友善的工时，因此她们当初才会选择退出这些工作。终身或初级劳动力市场，长期以来为工作者，尤其是白领专业人士，提供了品质更高的工作，有着稳定、福利、更好的薪水和前途，这些是本研究中的女性在选择退出职场之前的工作类型。但是，这些“好”工作建立在男主外负责养家的过时预设之上，也几乎很少提供高度的家庭弹性与兼职的选项。[6]由于这些稳定的工作对家庭不太友善，因此女性还是会被临时性的工作所吸引，尽管这样必须付出明显的代价。幸运的是，这些妇女的经济优势使她们可以自由取舍。除了一位之外，其他人都以临时工作的方式在家庭优先阶段返回职场。

其他研究还发现，选择退出职场的专业女性通常也会当个兼职的自雇者、在家创业，或以其他形式的临时工返回职场，以达成更大的家庭弹性。[7] 有位研究者称此策略为“折中”（opting in-between），他观察到这种策略可以让这些母亲在孩子年纪还小的时候，按照自己的步调留在职场。[8]

“职场很烦！”

奥莉维亚·帕斯托（Olivia Pastore）离开著名法律事务所的律师工作不到半年，在四十岁出头的年纪决定到母校学习中年转职的短期课程。奥莉维亚说：“我还没准备好回去上班，但是和我的女性朋友有三个星期三晚上在一起，我觉得很好玩。”她浑身活力、充满热情和自信，也是一位天生的讲故事好手。在这个课程结束时，课程的讲师（正好也是该校的高阶主管）询问了奥莉维亚，并给了她一个工作机会。这份工作是兼职，为期一年的法学院生涯咨商师。“这就是我进入法学院生涯服务的原因——我总是说：‘这实在非常非常意外。’我从没想到会做这个。”大略描述了这场出乎意料的无缝接轨之后，奥莉维亚大喊：“职场很烦！”

报纸杂志上的文章往往不看好女性轻松重返工作的机会。最近有些重要媒体的头条新闻，也引发这种现象的气息：“妈妈选择进入职场却发现大门深锁”“离开多年之后，女性努力恢复就业”以及“转换跑道：这可能是趟艰辛的旅程”。[9] 这类媒体报道经常说女性重新进入职场的过程是旷日累时或功亏一篑，或是雇主因为她们已经过了可以“卖命”的时期而拒绝她们，使女性面临挫败。[10] 或者聚焦于这些女性在面试时，必须面对履历上的空白这种令人畏惧的问题所带来的考验（如同最近一份报纸的头条所述：“女性在家中负责养育任务后应该解释自己履历上的空白吗？”）[11] 根据我们在本书一开始重返职场座谈会中的女性来判断，这类故事可能会触发那些和我们研究对象类似的女性，内心的焦虑不安及耿耿于怀。

但反差很大，我们发现除了极少数例外，这些女性在家庭优先阶段重返职场的过程很容易，有时甚至毫不费力。令人惊讶的是，很少女性说到这一阶段重返职场的障碍；而且她们通常只花几周或几个月的时间就找到工作。女性为何能如此轻松地重返职场呢？

首先，处于家庭优先阶段的大多数女性（五分之三）都是偶然找到工作，甚至找都不用找。虽然她们可能想要找工作，但并未主动出击。相反，她们是被其他人找出来，有人认为从专业人士成为家庭主妇的妈妈们，可以说是高技术临时劳动力主要的潜在来源。因此，很少处于家庭优先阶段的女性是通过令人眼花缭乱的求职网站、分类广告等传统途径或是正式应聘工作渠道求职。也许是因为很少人在这个阶段是通过正式求职的方式找工作，所以也没有人抱怨履历空白的问题。

过去的同事、朋友和家人，甚至是女性遇到的人，不时将她们视为工作时间有限的后备临时工。奥莉维亚的情况就是如此，大家看得到这一位曾任律师的全职妈妈身上的侦察才华，或许可以做点有限度委托的零工经济，特别是一些能让她涉足其他职业生涯的工作。给她提供这份工作的主管当然知道，一名经验丰富且有资历的生涯顾问，可能会拒绝这种没有任何福利的短期兼职工作。但是，像奥莉维亚这样的人，可能会将这份差事视为机遇，她确实也是如此。对于奥莉维亚来说，这种“机会”的缺点在学年结束而她所分担的工作告一段落时变得很明显。当奥莉维亚认为自己找到一份生涯咨商的新工作，并且广受学生好评时，她的老板拒绝了她续聘的请求。反之，这份工作被转为全职。这个故事告诉我们，雇主寻找的是可以满足“即时”（just-in-time）需求的员工，他把奥莉维亚这样具有能力的女性专业人才库视为随时可以聘用的“劳动后备军”，一旦需求不再，就有可能开除她们。[12]

过去的同事在必要时偶尔会探询我们的受访者是否有空做点临时工作（兼职、以接案为主或季节性工作）。假如女性准备重返职场，这将成为她们第一份正式重返职场的工作。过去是医疗技师的布兰达，已经在家里待了十多年，有一天她接到女性牙医朋友的电话。朋友询问布兰达是否愿意“回来在柜台接电话”，代替一名生病的员工。布兰达接受了，后来也非常意外地有好几年都担任电话待命的牙科助理。

志愿者的经历也为重新投入工作创造机会，即使对于那些尚未积极寻找工作的女性来说，也是如此。玛莎·哈斯（Martha Haas）在孩子那所私立学校担任志愿者时，意外获得一份工作。在一次学校活动中，玛莎不经意地向学校女校长提到自己之前从事公司的开发工作。几周后，女校长给了她一份兼职工作，担任学校开发人员（development officer）。玛莎起初是拒绝的，虽然她离婚后一直在考虑兼职，但她还没有准备好要回到职场。最终，玛莎改变了立场：“（女校长）告诉我，她的孩子还很小的时候，她就离婚了，她说：‘你需要有事做。’然后我想到了这个以及整个趋势，尤其当你留在家里时，只会胡思乱想……我从没想过要怎么看我现在的处境，但这对我来说，是一段美好的成长时期。”

女性在家庭优先阶段重返职场相对快也相对容易的另外一个原因，在于大部分的人都是回到先前的专业领域担任顾问。寻找这类自由接案的工作往往都是较短期的需求，所以她们能够成功利用自己的专业网络。丹妮丝受访时，点出这个过程简单到令人意外："因此，当我一年后决定开始担任顾问时，我只要和之前共事过、保持联系的每个人说：'我有空了。'我马上就开始与大约六个不同的客户合作。"

最后，有些女性则是为自己愿意从事的工作类型设定比较低的标准，只要这份工作有很大的弹性即可——这是为了可以加速重返职场而有的妥协。卡伦以接案工程师的身份重返工作岗位，她很惊讶竟然能够在自己的领域中这么快找到兼职的工作（每周不超过两天）。她总结说："部分原因真的只是我的期望很低，就像是'我什么都可以做！'"

隐藏的通道

我们发现女性在一开始的家庭优先阶段轻易就能重返职场，不仅和大众媒体的报道有所不同，也和这领域的社会科学研究大相径庭。虽然针对职业女性选择退出职场后重返劳动力市场的研究相对欠缺，但一贯的研究都指出女性必须和无数的障碍搏斗。这些障碍包括年龄歧视、技术过时、专业网络转趋冷淡、对履历空白的污名化，以及没能找到对家庭友善的职位。[13] 我们的发现可能与调查研究结果有所不同，因为这些描述似乎集中在更具挑战性的重返职场阶段，而忽略企图心较低的前一阶段，即家庭优先时期。正如我们将在下一章所见，女性的确在重返职场过程中遭遇到一些重大障碍，但通常是在她们试着完全重启职业生涯时才会遇到。一般大众与社会科学研究对于重返职场的过程似乎漏掉家庭优先阶段，因为女性自己可能也没有想过将此阶段所从事的工作类型（一般来说是兼职、短期，有时候是非专业），视为她们正式职业发展轨道的一部分。还记得我们的受访者倾向将这些重返职场的工作视为临时工作或替代性工作吗？也就是说，即使家庭优先阶段的特色是女性首次大胆重返职场，但女性自己可能仅将此视为职业生涯中断的延伸。我们研究当中的受访者常常会掩饰甚至忘记提及她们在家庭优先阶段的工作，仿佛这些都不“算数”，而是把焦点放在她们最初认真努力恢复的职业生涯。由于我们采取深度和纵向的追踪访谈（包括巨细靡遗的就业历程），使得我们能够清楚指出重新进入职场中间的这个阶段。这个阶段是享有家务特权以及职业生涯重启阶段之间的桥梁，女性自己通常也没意识到这个阶段是她们重返工作历程的一部分。

无论如何，这些女性在这个阶段能够轻而易举找到工作，仍然十分令人惊讶。之所以如此简单，可归因于她们求职的工作类型（非典型、高度兼职以及高度弹性），还有这些临时劳动力市场在最近几十年来同步快速成长，因此大部分的人都能从中找到这类工作。[14] 由于临时工作越来越多，加之以女性为主，雇主无须太多承诺保证，而且对于许多人来说，这种工作比起稳定的工作较无吸引力，所以在此领域找工作竞争可能比较少。此外基于相同的理由，劳动力市场中对于妈妈就业的传统障碍（例如，就业中断的污名、家庭责任），也可能比较不构成问题。[15]在这个脉络下，不难想见那些有临时工、限定工时以及“即时”劳动需求的雇主，会将这些女性当成他们极度渴求的潜在劳动力，因为这些女性人脉较广，并且也愿意做些薪水较低且不稳定的工作。

变动的时间

对于许多女性来说，在家庭优先阶段重新进入职场的这段时间，是工作变动很大的时期，而且如我们在下一章所见，职业生涯重启阶段也是如此。大部分的人（约有三分之二）在初次重返劳动力市场之后，至少会再有一次完全退出职场，有时候退出的时间很长。一般来说，女性在她们初次重返职场与后续的访谈之间，会从事多项工作（平均是三项），她们第一份工作的时间基本上比较短（只有二年至三年）。然而，在两个重返职场的时期，工作不稳定的原因则截然不同。

正如我们所见，在家庭优先阶段，工作变动和女性认为家庭需求胜过工作赚钱有关，也和她们重返职场的工作都是一些临时性的工作有关。然而，工作变动有时也涉及女性对于重返职场的工作不满，这类工作对她们而言，经常是大材小用。在数年的无聊或重复性工作后，有些女性已经打算离开或者找其他工作。

如果她们的孩子已经长大，对于家庭优先之类的工作不满，有时候会促使她们重新开始职业生涯。回想一下楠，她曾在家里附近一个体育联盟担任秘书赚钱贴补家用。楠根本不喜欢这份工作，也觉得工作很乏味。因此，当楠的老幺小学毕业后，她就决定辞职找一份全新的教学工作。

女性重返职场劳动参与的显著变化，印证了专业女性职业生涯的理论与研究，这些研究发现，男性的职业轨迹往往是一条直线，持续发展；而女性的工作轨道往往因为照顾需求而充满曲折、脱钩（disjoined）与中断。[16] 希尔维亚·休利特（Sylvia Hewlett）针对全美二十八岁至五十五岁高素质女性的研究发现，这些高阶女性绝大多数显然都有一段职业中断时间，而且／或是从事非全职、非典型的工作，因此“无法想象传统男性职业生涯那样一步接着一步的模式”。[17]

唯有家庭优先

虽然大多数重返职场的女性最终都离开家庭优先阶段，并努力重启她们的事业，但有少部分的人到我们后续采访时，并未踏入这个阶段，这些女性只在家庭优先的前提下重新进入职场。大多数都还有年纪更小的孩子待在家里，她们打算孩子长大后就要投入全职工作。换句话说，这些女性只是处于“工作—家庭”轨迹的早期阶段。但是，少数“唯有家庭优先”的女性并不打算重新就业。这些女性是年纪较大的空巢者（大部分是六十多岁），她们的履历和那些从来没有重返劳动力市场的女性相似（我们会在第六章讨论这群人）。这些年纪较大“唯有家庭优先”的女性与后面这群人类似，更有可能说自己很少需要或根本不需要为了钱去工作，因此在第一次访谈中就表示对重返职场缺乏兴趣。

下一步？

如我们所见，尽管退出职场多年，但大多数女性仍然希望最终能够重返职场。但是，这种愿望与女性之前（以及她们丈夫目前）缺乏弹性、工作时间漫长的精英职业工时结构，以及家务特权持续的拉力存在着冲突。正如我们在上一章所见，选择退出职场的女性，随着时间发展，她们将大大增加对家庭生活的投入。一旦女性选择退出职场，她们会想要展开密集的母职，而且传统的家庭劳动分工也会固定下来并且不断成长，以便极大化家庭阶级优势。后者的动态发展，再加上没有经济的急迫性，大大抑制她们马上全面重返职场的动力。她们利用完全兼职、时有时无的临时工作（大部分是在之前的专业或半专业领域），来与工作保持某种联系，同时有效延长了家务特权的时期。实际上，女性在家庭优先这一阶段中缓慢且步履蹒跚地重返职场，是阶级与性别交织下的产物，而双重交织的因素同样迫使她们选择退出职场以及漂向家务特权。

最终，随着她们的孩子长大、变得更独立时，女性渴望更多的自主权以及想追求事业的心，也就浮现得更为清楚。但是，如我们在下一章所见，女性留在家中的时光以一种深刻而出乎意料的方式，重塑了她们的职业价值观和兴趣。

第四章

职业生涯重启：内心的召唤

找到回归职场的方式

自从十年前退出职场以来，梅格偶尔会找点有薪水的差事。但是，等到两个较大的孩子渡过进大学的关口，梅格便觉得自己迫切需要新的目标。

所以我检视自己的生活范围，我说，嗯，好吧，当我的孩子上大学以后，我怎么办？难道我只是打网球还有去俱乐部吗？这对我来说真的没什么吸引力。因此，我开始考虑重返职场，看看会怎么样。我和一位职业发展顾问聊了一段时间，你知道的，我很幸运，我的经济条件让我有机会问："哪些事情是我真正想做的、想关心的和感兴趣的？"我不一定要工作（当你同时有两个孩子上大学时，有工作肯定会有帮助），但更重要的是"我想要去工作"。

梅格曾下定决心绝不回她先前薪资丰厚的金融界，十三年一转眼过去了。过往工作让人无法忍受的长工时，加上她的技能早已过时，都打消了她回去的念头。但更重要的是，梅格现在已经不想回到那个职场了。取而代之的是，由于她多年来投入大量心力担任教育基金募款的社区志愿者，她发现了一项全新的职业。梅格通过在教育发展领域建立的人脉，最终在一家小型的教育性非营利组织找到发展部主管这份梦想工作。在担任志愿者这段时间，她一直与这个组织密切合作，并且对他们感到钦佩。对她来说，当她最小的孩子十几岁时，这份工作主要的吸引力是能够偶尔灵活地安排自己的工作时间，这是她接受这份全职工作协商出来的待遇。尽管梅格踏上崭新的工作之路似乎是无缝接轨，但实际上，这是通过她深切投入社区志愿工作，经历十年，专注且深思熟虑发展出全新的专业技能与人脉的结果。

（再次）选择重返职场

显然，我们大多数的受访者对于媒体唱衰她们重返职场的机会表示反感。尽管有一大段时间没上班，但在我们追踪访谈时，仍有一半以上（四十三位女性中有二十五位）的女性最后仍然重返职场，这也反映出她们长期以来对工作的承诺。[1] 对大多数人而言，“恢复工作的动力”是从最初“家庭优先”阶段的非主流有偿工作演变而来的（虽然有大约三分之一的女性没有经过预备期就直接跳回全职工作）。

女性重返职场是她们人生中一大转折点。有别于家庭优先阶段未积极寻找工作（甚至只要稍微影响到家庭的需求通常就放弃），重返职场阶段的特色是女性积极和持续地努力寻找工作，典型的状况是她们预想到空巢期即将到来。这代表这个阶段的女性不再等着可有可无的机会让工作降临，而是积极建立人脉、更新履历应聘工作、寻找职业发展顾问，并且在某些情况下获取新的资历。事实上，如我们所见，重返职场阶段的特色就是一段探索（questing）时期，女性在这个阶段会积极复出，或者寻找新的职业志向，找一个足以让她们维持十年到二十年职业生涯的兴趣，直到退休。女性在这个阶段也比较愿意且能够维持更长的工作时间（一般在重返职场阶段，一周可以工作二十五至四十个小时，在家庭优先阶段，一周是五至十五个小时），这通常会让她们获得更令人满意、更高阶的专业工作机会。

到了重返职场时期，女性脱离职业生涯的时间平均为十年，虽然有三分之二的人在家庭优先阶段已经开始工作，通常工作了三年至四年。在家庭优先阶段，女性的年纪是四十岁出头，最小的孩子通常才刚进小学。到了重返职场阶段，女性一般已接近五十岁，她们最小的孩子正处于青春期，最大的孩子往往已经就读高中以及（或者）上大学。此时此刻，许多女性对于孩子读书的密集投入（以及其他在传递地位与维系阶级的努力）已经减少，她们开始挺身面对空巢期的来临。

像鸭子划水

表面看来，女性一开始重返职场似乎很平顺。但是，就像鸭子在池塘里游泳一样，它们看似优雅流畅地划过水面，全是靠着在水面底下费尽全力，甚至翻天覆地的努力。在第二阶段，也就是重返职场阶段，有些媒体描述的负面影响真实存在，就如我们将会看到的，重返职场的过程通常带着压力且充满挑战。回去工作这件事情并不难，但是要打造一个可行的长期职业生涯，就很困难。女性在欠缺家庭弹性的工作环境里的负面经验，再加上长期沉浸在维系家务特权的劳动中，还有随着年纪的逐渐增长，导致她们在职业取向上，产生了重大的变化。在此阶段，大部分的人都比以往更确定不想回到前雇主那里工作。正如她们已经历过从劳动力市场撤退，并且适应家庭新生活的转型过程，重新恢复职业需要另一次并且往往也是旷日持久的适应和改变。虽然女性拟定了各式各样的策略，但每个策略都有各自的问题。事实上，再次选择重返职场的过程本身就充满挑战，因为就某种程度而言，这促使女性在职业上进行自我改造。

所以，女性是如何走过职业重启的过程的？她们最终下定决心进一步完全重启职业生涯的时间点与原因为何？这是她们自己想要的吗？经历多年工时较短或完全没领薪水的工作之后，女性最终重新展开职业生涯的难易度为何？这些问题是本书的核心，许多问题的答案在重返职场的第二阶段就变得更为明朗。

对的时机

经过将近二十年全心全意在家担任家庭主妇与社区志愿者，再加上最小的孩子已经上大学，五十四岁曾担任律师的劳伦最后重返全职工作。劳伦在思索自己全力重启职业生涯的决定时，表达出许多受访女性都有的感受："我真的觉得自己需要一些更好的安排，来取代孩子离家之后我所失去的世界。"她带点自我贬抑地补充说道："当然，（这份工作）让我的时间与精力有另一个出口，我会忙到无暇去想他们以免自己难过。"

劳伦的话抓到一个重点，呼应了受访女性重启职业生涯的说法，那就是女性重返职场的时间点，通常与她们子女生涯中重要的发展阶段有关，这些代表子女日渐成熟并准备上大学的标志，也就等于她们自己慢慢减少涉入密集母职与社区志愿工作（这两者的目标都集中在增加她们孩子的社会与教育资本）。实际上，当她们准备让年纪较大的孩子跨出家庭和社区的保护空间，转而进入更广阔的世界时，许多女性自己也正准备如此。

对于劳伦和其他重返职场的女性来说，典型的空巢期是催化剂，这时她们的老幺快读完中学或刚上大学，在这个时期，她们对于子女规划栽培以及维持地位的功能大幅减少。总体而言，这个时候她们全职扮演子女社会和教育仲裁者（arbiters）的目的很快就要告一段落（或已经结束），几乎无人对此有所怀疑，正如玛丽娜所言："我是在老幺上高三那年决定要重返职场的。当然，我一直对他们学校的参与度很高。我支持他们的生活，所以当他们升上十一年级时，真的不需要我接送了。但是我仍然参与很多学校的事务。当我看到这一切即将结束时，（也）有点倦怠了，但问题是'那，接下来要干吗？'"之前当过律师的奥莉维亚回想起促使她在四十八岁重新开始工作的那一刻："前一年我儿子从中学毕业……我们的女儿要从高二升高三，这感觉就像一天二十四小时、一周七天的亲职照顾快要结束了。"

女性另一个重新开始工作的时机是最小的孩子升上中学。有些女性观察到，前青少年期的孩子进入中学开始有很大的转变，他们会"专注在自己的朋友并抛开家庭"，迈向独立。同时，小学之后的求学阶段，家长参与孩子学校志愿活动的需求明显下降，使得有些女性觉得失去了目标和社会参与。楠正是如此，当她最小的女儿十三岁、两个大女儿上大学时，她就展开特殊教育导师的职业生涯。楠重新上班有部分原因是渴望恢复随孩子长大而逐渐失去的活跃社交生活："你的社交生活往往围绕着跟你一起担任志愿者的人，或是孩子朋友的父母。但随着孩子大到可以去自己想去的地方，到了他们升入中学，大人之间的自发性互动就会大大减少。"

"再拼一次"：寻找意义

现在，她们的孩子已经长大了，这些重新踏入职场的女性强烈感受到自己必须有再一次的机会发展有意义的第二人生，这让她们充满干劲。充满自信与热情的克莉斯汀在后续的访谈时提到，她已经回到之前的销售领域担任顾问，而且多年来一直固定与职业妇女的支持网络聚会。她在自己和支持团体里的其他女性身上看到大家对工作的热情（这些女性跟她一样，大多在五十岁到五十五岁）："有趣的是，一旦孩子都离家以后，我们看事情也不一样了。我们都觉得自己还有一点时间可以真正投入需要很多精力，甚至是全职的工作。工作与生活的平衡，对我们来说，不再是一个问题……我们要说的是'我们还要再拼一次'。"正如克莉斯汀提到的，这些学历漂亮、才华横溢的女性在闲下来之后，都想要去上班。她们不满足于单纯地打扫房子、打网球和上俱乐部的生活，或是和她们前几代有特权的家庭主妇一样稀里糊涂退休。无论如何，大部分女性重返职场并不是为了赚钱。到了中年期的中后段，她们的丈夫已经爬到精英职业的顶峰；虽然她们子女上大学的花费似乎很高，而女性上班赚钱对于贴补家用也有帮助，却不一定是必要的。这些女性重返职场主要是因为她们享受工作，而不是为了赚钱。在空巢期之后或是即将来临时，她们从工作中寻找了新的**目标、认同与成就感**。

女性渴望有意义的工作（一般带有社会目的），通常促使她们在担任多年志愿者的非营利部门从事与慈善类相关或直接延伸的工作。劳伦当了全职家庭主妇二十年后，重新开启职业生涯。过往她一直投入资深的董事会事务，先是在孩子就读的学校，然后再到教会。当劳伦应聘并获得宗教性非营利组织的执行董事职位时，整个人欣喜若狂，这个组织与她服务的教会多年来都有密切合作，他们的任务是赞助社区团体解决贫穷问题。但是，决定接下这份工作也意味着放弃回到之前担任公司律师这份大有“钱”景的职业。当被问及为何如此选择时，她回答：“我想做些更有意义的事情。我认为从事非营利工作会带给我担任公司法务所无法获得的意义。我的意思是，某些类型的法律工作或许可能带来意义，但不是我以前做的那种。”劳伦知道生活无虞如何影响她的职业选择，她补充说：“很幸运，我不必为家庭生活过好日子去赚很多钱，因此我可以比较轻松地做出这些决定。”

同样地，梅格努力的方向也是顺着自己的内心，她想从事她有热情的工作。她和劳伦一样，也把工作的意义置于金钱和地位之前。她不只是从公司部门转向非营利部门的发展工作，而且还刻意选择追求一个声望较低的小型非营利教育组织职位，而非高等教育的精英世界。梅格曾经花时间在当地一所常春藤盟校跟发展方面的专业人才打交道，最终却认识到自己对那样的世界并无足够的热情去追求更高的成就：

我并不是为了追求金钱，而是被学校的发展工作吸引。如果我真要向人募款，我必须对背后的理由有很强的信念。因此，我在（常春藤盟校）及其各式各样的团体访问收集资讯，然后我就离开了，感觉就像“哦，我与（常春藤盟校）没有什么关系，我不会去那里”。这并不是说我不相信他们做的各种事情，只是谈到这些工作时，我的热情远远不及我描述我们在小规模非营利教育基金会所做的一切。因此，我开始思考自己在哪些空间和地方可以拥有同样的热情？

对于像梅格和劳伦这样的女性，向往一份有意义的事业可能让她们松了很大一口气，因为她们很清楚知道自己能选择什么工作。她们的阶级特权让她们可以随意追求一份不那么赚钱的工作，但是也为选择一份有承诺以及有成就感的工作设下更高的标准。

跟追求意义相关的是，女性重返职场也在于寻找重新点燃并且确定之前作为职业女性的身份——这一部分在家务特权这几年间已经失去（或至少被淹没了）。凯特最明确指出这点，她说重返工作岗位的主要原因是："我想找回自己工作时的身份认同……我想获得工作身份，并做出更大的贡献。"尽管凯特是重返原先公司部门的少数几位女性，但她在重启职业生涯所寻求的意义感，则在于她渴望自己的才华可以在家庭以外的领域获得认同，并且好好展现。前律师奥莉维亚也遵循这种模式，渴望通过重启职业生涯来追求她的身份认同。当被问及是否考虑过**不再**回去工作，她说："我以身为一名有头脑的上班族为荣；这永远是我身份认同很重要的一部分。"

除了寻求意义和身份，女性还寻求从工作获得乐趣。艾米丽·米奇（Emily Mitchell）之前是一家大型保险公司的客户服务部主管，她在当了近二十年的全职家庭主妇之后，决定重新开启自己的职业生涯。她多年来都在孩子们的学校和当地的家暴机构担任志愿者，到头来却是"身心俱疲并对志愿服务感到厌倦"。艾米丽的老幺差不多要读大学的时候，她内心有一股很强大的推力，让她想去做点有"成就感"的工作，也可以让她有足够的收入为孩子的大学教育出点力（后者是重要但并非首要的动机）。

艾米丽走的是女性重返职场的标准模式，找到看似合适的工作之前先做一轮不同的工作。她辞掉在一家小型保险公司（她以前的行业）担任兼职行政助理的第一份工作，因为她觉得这份工作没办法充分发挥她的能力。接下来，她试着到当地一家非营利机构担任兼职社区协调员，也是她原本担任志愿者的职务。令她惊讶的是，这份工作看起来也不适合自己，她最后还是辞职了：

我发现……这份工作有点令人沮丧。不好玩，不应该是这样子。但我认为自己正处于人生的某个时刻，停下来照顾小孩，是很艰难的工作，我还做了很多志愿工作，这很棒，但有时候也感到无奈，假如我要回去工作，那我的动力在于我想为自己做什么。在这个时刻，什么才能让我想天天上班？是什么让我有那种满足感？什么使我感到愉快，同时还能带给我一点收入？

许多女性就像艾米丽一样，主要动机都不是为了赚钱，她们对工作很挑剔：换句话说，这份工作必须让她们觉得值得追求或坚持下去。最后，艾米丽在市中心开了一家不大却相当成功的服饰店。虽然这家店不算特别赚钱，但它充分满足了艾米丽渴望寻找一份既能展现商业头脑又是一生所热爱的时尚工作的愿望。

薪水是重点

对于大约三分之一重返职场的女性来说，薪水的确是她们回去工作的一大动力。但是，经济因素所影响的是这些女性重返职场的时机，而非重新工作的渴望（我们以下会看到只有一个例外），而且基本上会使她们比原先预期的还要早回到职场。她们重返职场主要的经济理由是丈夫没了收入（或收入锐减）；而发生这种情况的原因很多，包括丈夫失业、开始创业或去世。

凯特的先生是一位成功的金融家，他决定发展自己的私募股权基金。“所以当他在酝酿并准备所有法律文件、拟定自己的运营计划时，他说：‘如果你能再去上班赚钱，我的担子会减轻不少。’”凯特回想，那时候老幺还在幼儿园，我还可以在家里待五年。但是，当生意没有起色，一想到先生接下来几年的收入可能很微薄，甚至一毛钱都没有，再加上失去家庭健康保险和其他福利，凯特觉得“需要帮点忙并减轻先生的压力”。因此凯特和其他一些像她一样的女性，充当了家里的“劳动力后备军”，需要的时候就进入劳动力市场（有时会再退出），为丈夫这场不稳定的事业冒险提供财务风险的缓冲。[2]

丈夫失业也可能造成太太重返职场。我们追踪访谈期间正好遇到 2008 年的金融风暴，这对男性的打击尤其严重，也就是所谓的“男性萧条”（mancession），我们自然而然地听到许多故事讲述先生经历漫长与频繁失业的魔咒。[3]虽然我们研究的家庭通常衣食无忧，一段时间没有家庭收入还是可以过上好日子，但先生长期或频繁失业，会使得妻子承受越来越多必须去上班赚钱的压力。杰西卡·贝克曼（Jessica Beckman）就是这种情况，她的丈夫马丁在高科技行业担任销售主管。自金融风暴以来，马丁所在的行业变得越来越不稳定，他数度遭公司解雇。尽管杰西卡没想过要在这段时间重启职业生涯，但是当一连串兼职和全职接案销售顾问的工作机会出现时，她抓住了这个机会稳住家庭的财务，还支付了两个十几岁儿子即将上大学的费用。

有两位受访者在我们追踪研究期间丈夫去世了，这也是两人重新上班的经济理由。在丈夫过世后的几年内，当海伦娜·诺顿（Helena Norton）和三个孩子慢慢走出创伤的时候，她宁可只做点零工（到她以前担任学校行政人员的私立学校做一名招生助理）。然而，当她的孩子十二岁到十八岁时，她在之前的领域寻找一份更重要的兼职工作，不只是因为她需要医疗保险（她丈夫的失业健康保险 COBRA 计划即将到期），也要预先为空巢期做准备。

四十六岁的特鲁迪·威斯特（Trudy West）在丈夫过世后不久重启职业生涯——成为一名全职教师助理。然而，她与我们研究中的大多数女性不同，讲话柔和的特鲁迪在辞掉以前的电信业工作后，压根儿没有回去工作的打算或念头。在我们追踪采访的时候，她倾向待在家里的想法丝毫未变。她重启职业生涯的理由很少见，100% 是经济因素造成的，明显背离她最初的长期计划和偏好。

少数几位女性（只有三个）成功分担了先生养家糊口的角色，因为她们先生的职业并不是那么赚钱。这些女性（像大多数其他美国女性一样）总是不断地要替家庭赚钱；因此，她们职业生涯中断的时间更短，而重返工作岗位的动机更多是出于经济考量。奥莉维亚就是其中一员。正如我们之前了解到的，工作是奥莉维亚身份认同很重要的一环——但钱也扮演了关键角色："事实上，我先生是个律师，个人执业，我们两个都没真正赚过大钱……我的意思是，我（从其他女性那儿）听过，你也知道的，'我们真的不需要去赚钱'。这句话绝对不会从我口里冒出来，或者说我的情况就不是这个样子。"

重启迢迢路

大多数女性在重启阶段都对提升自己的职业生涯感到兴奋。然而，基本上，她们的热情仍然因为她们一直对有家庭弹性、非全职的工作（一周通常是二十五个小时左右）有着强烈偏好而受到阻碍。为什么她们偏爱兼职工作而不是全心全意重启职业生涯？绝大多数重启职业生涯的女性家里还有孩子——别忘了，她们最小的孩子通常还在上初中或高中。此外，她们的先生正处于他们职业生涯的黄金时期，经常占据高位（例如，首席执行官、合伙律师、董事），这些职位的要求比以前更高，工作时间更长。在上述这些压力以及对空巢期的预期下，大多数女性既不打算强势回归，但也不想维持“职业生涯空转”的状态。曾经以家庭为重的女性，现在转而寻求工作和家庭的融合，有些人强调家庭那一边，但也有些人重视工作这一头，这取决于每位女性实际的情况、喜好、年龄和人生阶段。

尽管在此阶段这些女性的孩子通常都不小了，但弹性仍是她们找工作最主要的考量。杰西卡因为先生工作不稳定，出于经济需要而觉得自己要全职工作的情况，并不常见，但即使在重启阶段，她内心还是比较喜欢兼职工作。这种偏好是由于她渴望留在家里的那段时间，她已经习惯于享受额外的休闲时光。“我喜欢有时间和朋友一起喝咖啡，我喜欢有时间运动”，但最重要的是，她可以注意到两个十几岁的儿子持续不断以及（在她眼中）越来越未能满足的需求：

我儿子正在努力考驾照，他需要花一定的时间练习，但因为我和先生都有太多工作要做，所以过去几天他都不能出门。我真的真的不喜欢这样。我向他们道歉，他们说：“没关系，妈妈。别担心。”我知道他们不在意，但我讨厌这样。这样实在很愚蠢。我儿子参加了SAT的模拟考，过了五天我还没去看结果，看看他的强项和弱点在哪里。我的孩子需要买足球鞋，还有全套的球衣。我没有时间弄清楚他穿什么尺寸，现在还不需要订，但我通常会立即处理。我还没有机会对他说，“我们需要看一下你穿几号”，并解决这个问题。所以我讨厌这样。我花了很长的时间让一家人走上正轨，照顾每个人的需求，这是我积极的选择……所以目前说来，我的理想是工作比现在少一些。

这种“礼宾式育儿”（concierge parenting）在女性之间很常见，即使在重启职业生涯阶段依然如此。[4] 这种动态发展的关系有助于解释为什么许多人在跨入职业生涯入口时避免全速前进。

对许多女性来说，在重启职业生涯阶段，以家庭弹性和兼职工作为优先，实际上意味着她们从之前离职时的职位降了一级。布鲁克·科克利（Brooke Coakley）在家里待了将近五年后，五十一岁那年重新开启医院行政人员的职业生涯。她先前辞职完全就是因为家庭一连串的风暴，包括她丈夫的重病以及儿子严重的心理健康问题。布鲁克离职前曾在一家大医院担任高阶主管——这份工作包括各式各样的线上管理责任还有超长的工时——所以她在回归时刻意不选择全职或资深的管理职位。当她之前的上司兼导师珍·雷德菲尔德（Jane

Renfield）带着歉意坦率地说，她不知道在这个领域有什么高阶职缺，布鲁克回答说："珍，反正我不想做副总。我不想要扛那么多事。"布鲁克受访时进一步详细说明："我已经做过好几年了，我知道那样的结果是什么。"结果，布鲁克最终在同一家医院找到一份合同工作，没有线上管理责任，工作时间也只有过去的一半，且允许她偶尔在家工作。尽管她返回职场的时候，先生以及就读中学的儿子都已经康复，但是留在家里的那段时间，已经使得布鲁克的优先顺序出现变化。

我猜经历过那段没有上班而试着处理儿子与先生问题的时光，使得我现在比较想把更多注意力放在家庭生活上，因为我已经有很长一段时间都是如此，过去我陪伴儿子渡过难关并终于让他稳定下来，同时也支持我先生撑过他遭遇的挑战。过往那些不眠的日子都是因为家庭而不是因为工作。而我也知道许多副总并不是这样过日子的。

布鲁克的例子说明，女性选择离开职场这些年间从事的密集母职照顾工作，如何彻底改变她们的优先顺序，以至于到了职业生涯重启阶段，能否保有家庭弹性依旧是她们的重要考量（至少孩子仍在家里的时期是如此）。

从兼职开始做起，也是部分女性在离开职场多年后，处理重新启动职业生涯而来的焦虑所采取的策略。有四位女性说道，她们刻意追求兼职与低阶职位是因为她们认为自己的技术已经生疏了，也没有什么卖点，这反映出来的就是女性缺乏跳回去从事全职工作的信心。由于这些女性离开职场已经有很长一段时间，她们相信要重振职业生涯最好“从小地方做起”。

尽管许多女性明显倾向以兼职重启职业生涯，但是回归职场的女性中，也有很大比例（五分之二）是回到全职工作中。然而，值得注意的是，这些人大多数都处在重返全职工作的有利位置上，有人是进入空巢期而不再需要家庭的弹性，或是以老师身份重启职业生涯，让她们可以跟着孩子学校的作息全职上班。正如这种模式所显示的，家里的孩子已经上大学（或以上）的女性，比起那些小孩还待在家里的女性，更有可能在第一个重返职场工作就选择全职上班。

再一次重新“来过”

正如我们所见，来到职业重启阶段，女性开始留意内心的浮动，重新连接起她们在选择退出职场以及家庭优先时期几乎沉睡的职场身份。女性意识到自己正处于人生新阶段的风口，过去十多年来让她们锚定身份认同的诸多家庭承诺即将消失。她们渴望新的目标和认可来源，就像她们过去初生牛犊不怕虎一样，她们再一次自由自在地问，或者可以再沉重地重新问一遍："我过几年想要变成什么样子？"

不像同样选择退出职场但却更传统的上一代会盯着空巢期想着未来怎么办，我们的受访者因为在离开职场前就已经发展出一段扎实与成功的职业人生，因此基本上更有能力好好回答这个问题。但是，正如我们将在下一章看到的，重启职业生涯的过程，包含找出职业身份认同的存在意义，并不是那么容易。

第五章

追寻与再造

原先在出版社担任主管的楠，离开工作岗位的十七年间，对于工作的兴趣出现很大的转折。我们在她选择退出职场的几年后第一次访问她时，楠相信自己会再回去上班，但她内心有所准备，第二段职业生涯的要求会比前一段稍微低一些。教书很有吸引力，不只是因为她认为教书很有意义，也因为教书很有弹性。五十二岁那年，楠展开为期四年的特殊教育导师职业训练，一开始是自愿当老师的助手，接着她就去攻读教育硕士的学位。

当我们追踪访谈的时候，楠已经五十九岁了，三个小孩有两个已经上大学，而她也在郊区的一所学校工作了好几年。虽然她发现自己的工作有非凡的意义，却无法在自己的课堂上获得一份特殊教育导师的全职工作。反之，她做的是兼职、薪水较低的课堂助教。楠怀疑是年龄歧视和经济“不景气”在作祟，但她仍然乐观以对，提醒着自己这份“无关紧要”（podunk）的工作有何优点，像是有时间看书、去健身房、打网球、“在周末做大餐”，还有看看朋友。

不是每个女性都经历过这种挫折。然而，就像楠的经历一样，许多女性在重启职业生涯时，都有着一大段探索、训练和职业生涯的再造阶段。

重启的轻松与混乱

本书第四章关注女性重启职业生涯的理由和时间；但对她们来说，重启并维系职业生涯到底有多困难或多简单？她们使用哪些策略？成功的秘诀是什么？她们寻找的又是什么样的工作？

也许一点也不令人意外，很大一部分女性（超过三分之一）承认在离开工作岗位多年之后，她们对自己重返职场的能力显得毫无信心，这也呼应了其他研究者类似的发现。[1]这些女性最先担心的是她们的技能在别人眼中已经过时或荒废。这种恐惧对以前曾在技术领域或快速发展领域工作的女性，尤其如此。原先担任医院副总的布鲁克与她的导师及前主管珍，都有相同的恐惧。珍意有所指地问：“市场上还有人要我吗？我已经五年没上班了。我想说的是，大家会不会看着我说，她是顶旧帽子？是个老新人？”海伦娜辞掉原本教育行政人员的工作已经十八年了（她有七年是到前公司打零工），她评论道："那么多年只做工时很短的兼职工作，我想不会有人想要看我的履历了。"

正如以上评论所显示的，对于重启职业生涯，女性所在意的往往是担心自己因为长期的职业空白还有退化的技术，而在就业市场上不再具有竞争力。经济学家将这种工作技能和知识的下降称为**人力资本贬值**，而这也普遍被认为是再就业的可能障碍。[2] 同样地，员工的**社会资本**——和专业领域上的同事及业界的关系网络，可能对求职有潜在好处——或许在就业中断期间下滑，这也会对她们重新进入职场产生障碍。然而，除了夕阳产业的明显例外，很少女性抱怨找工作要花很长的时间或毫无结果。这点很令人惊讶，因为有些女性显然缺乏信心，而且大众媒体也把女性奋力重返职场描写得很灰暗，但结果大部分的女性却很轻松地重新找到第一份工作，从开始寻找只花几个月到一年的时间。为什么会这样？

正如我们底下所见，女性展现强烈的动力，并且坚持不懈地克服她们前进路上的重重障碍。她们非常主动地寻找工作、建立人脉、搜索征人广告与寄出简历。但光凭女性的决心，并不能解释她们如何在漫长的职业生涯中断之后，得以克服在新职业生涯中，自身能力可能的严重不足。在决心之外，女性的能动性更为关键，而这部分则被她们的阶级特权强力启动。也就是说，凭着她们生活富足的优势，这些女性有时间、有人脉，也有金钱，可以在她们那段漫长家务特权期间主动投资新的职业生涯（有一些例子是从家庭优先阶段才开始）。同时，这种漫长的就业暂停（employment moratorium），让她们可以积极地探索自我与职业，并且去进修与取得文凭，以便跨入新领域。此外，许多人事实上不再竞争那份她们早已放下的体面却环境恶劣的工作，这也给了她们一些重返职场的优势。即使是回到过去的法律和医院行政等工作，女性基本上找的都是兼职与临时工等竞争较弱的职务。

然而，往后站一步，瞧瞧女性重启职业生涯的弧形轨迹，我们会发现她们重启的过程事实上充满挑战且旷日持久。女性往往需要多年的探索、重新定义她们的职业身份，接着再为重返职场做准备，并寻找符合她们高标准的工作。事实上，足足有一半的职场回归者都可能经历了一场跌宕起伏的重新启动，如同她们鲜明的职场动荡与一连串的职业转向经验所显示的那样。从重启职业生涯开始到接受追踪访谈为止，二十五名重返职场的女性之中，有三分之一做了超过一个工作（依序），同样有三分之一至少有一次**完全退出劳动力市场**，有五分之一**转换跑道**不止一次（从一个不相关的职业跳到另外一个）。

为什么女性重启职业生涯经常如此漫长与坎坷呢？大多数女性并不会返回十年前（平均）她们所在的职

场，也不会再度成为她们已经舍弃的那种工作者；她们对于工作的态度已然改变。她们面对的现实是，她们不能也不想回到以前的老板那里，因此她们必须另谋出路。许多女性认为她回不去是因为她还是把家庭的弹性摆在首位，并从过去痛苦的经验知道自己不太可能从过去的职场获得弹性。同样地，如我们所见，许多人担心她们的专业知识和技能随着时间而流失，将成为一个难以克服的障碍，这也让她们更容易不再考虑重走这条路。但对所有女人来说，她们也不想回到过去的老板那里上班。接下来我们将看到她们家务特权的漫长经验，还有年纪渐长的过程，如何彻底改变她们的价值观与兴趣。

重新进入职场的策略

为了解决她们重启职业生涯面临的阻碍，女性使用了以下三种策略：（1）**转换跑道**，或转到完全不同的职业生涯；（2）**修正跑道**，到过去的领域接案或当临时工；（3）**卷土重来**，包括重新回到原先的行业，但寻找可以接受她们弹性工作需求的雇主（几乎不可能是过去的老板）。每种策略都代表了实现工作与家庭结合的不同方式，并或多或少反映出女性追求职业的改变。

正如以上策略所表明，绝大多数女性不会回到前雇主那里工作。我们在这个主题的发现与一项针对高阶女性且曾经离开职场的全国样本研究一致，研究结果发现只有 5% 的人希望回到之前的雇主那里工作。[3] 其他研究者也发现，女性在职业生涯中断重返职场常常是接案或转向全新的职业、行业或劳动力部门。[4] 然而，人们不知道的是，选择退出职场的女性通过转换跑道重启职业生涯的方式及理由。本章描述女性重返职场所采取的三种策略，她们为什么选择这些策略，她们面临的挑战以及她们拥有的机会是什么。

策略一：转换跑道

正如楠这位前编辑以老师助理重启职业生涯一样，返回职场的女性大约有五分之二在刚回来的时候拐了一个大弯（假如我们把重启职业轨迹之后才转换跑道的人算进来，这个比例上升到一半）。**转换跑道**是最受欢迎的重启策略，也是职业生涯追寻与再造过程中最有代表性的策略。它反映了女性对职业的渴望不仅要具备家庭弹性（不像她们以前的职业），也反映了她们待在家里那段期间对职业取向的彻底改变。引人注目的是，她们变化的方向几乎如出一辙，都由男性主导的、要求严苛的职业生涯，还有公司部门中男女混合的职业（像是金融、法律、销售等），迈向以女性为主的职业，要不然就是转向非营利部门中公益取向的工作，尤其是教育。到底是什么导致她们如此剧烈的变化呢？

照护的世界　女性照护者的各种理论专家认为，母爱的发挥和照护深深影响了照护者的价值观、想法和志向。[5]同样地，我们发现女性沉浸在家务特权那段时间，也常常为她们带来深刻的变化，重塑了她们的职业抱负和计划。尤其是女性担任社区志愿者和密集母职的经验，让她们奠定照护、人与人、利他主义的价值观，这与她们过去在金钱世界的经验格格不入。

正如楠一样，随着女性参与小孩求学的成长过程，许多人也发展出对教育和教学的兴趣——这也是最受欢迎的转换跑道之路。丹妮丝这位前药厂主管和科学博士，也是这种模式的鲜明例子。多年来丹妮丝在小孩的学校从事各种志愿工作，包括办理学校的科展，还有成为家长教师联谊会的理事和重要成员，后来她成为中学的自然老师。她多年在学校的经验，迎来一个自我探索的过程："我发现直接跟小孩工作是多么有趣，我爱死了，也很珍惜自己可以做这件事。"

女性在社区担任志愿者，有时会让她们走上一条本质上也同样无私的新职业道路。莉亚·埃文斯（Leah Evans）在离开一家中型医院那份要求很高的主管工作后，觉得自己就像"糖果店里的小孩"，突然之间，她有时间与资源去探索她从慈善出发的各种兴趣。"我真的什么都做，从全国堕胎行动联盟（NARAL）到联合劝募（United Way），再到环境保护。我做了很多，也参与了很多。"但是，在两家著名的环保与野生动物保护机构担任董事，才深深改变了她的志趣。"在我做过的各种志愿工作中，最吸引我的是环境保护议题……长话短说，志愿工作让我觉得，‘哇，这是我真正的热情所在，我真的很关心野生动物，我真的很关心动物，我真的很关心环境’。”结果，莉亚重返学校攻读了环境科学的硕士学位，然后到她担任志愿者的环保组织当主管，以此重启职业生涯。

女性投入密集母职的岁月也对于她们的生涯选择产生意想不到的影响。前银行高阶主管阿曼达，因为想要照顾十几岁女儿的运动伤害，激起她去追求流行病学的崭新职业生涯："我女儿游泳肩膀受伤，这是女性游泳选手的常见运动伤害，我想到这可能与青春期还有荷尔蒙有关，因为这种伤害通常发生在年轻女性身上，她们正经历青春期……而且我也想到：'这就是我要研究的东西，流行病学会是一个好的起点。'"当更多的医疗危机在往后几年接踵而至时（公公中风还有母亲跟各种慢性疾病搏斗），她也就成为大家眼中的家庭医疗经理。这些照顾家人健康的日常经验，再加上她也投入时间在当地一所大学上一些科学课程，让她打定主意攻读博士，最终迈向了科学领域的学术生涯。

不想回头　在评估未来职业生涯的可能性时，女性过往工作的负面经验往往很明显。由于她们依然偏爱兼职或其他弹性工作，因此过去因为高工时而迫使她们离开的工作，在一开始就对她们的决定影响重大，让她们把眼光投射在其他对家庭更友善的工作上。这也是非营利部门，尤其是教书（上班时间完全配合小孩的上学作息）对她们特别有吸引力的另外一个理由。

女性对过去职业的幻灭，尤其是曾在企业工作过的人，使她们与这些工作渐行渐远。有些女性甚至在离职前就经历了这种幻灭，她们身为母亲还有主要照顾者的价值观，跟她们眼中对家庭不友善、营利导向、男性主宰甚至是厌恶女性的公司文化，两者之间的分歧逐步扩大。梅格说出她成为母亲之后，自己在那个清一色男性的工作场所（交易大厅）里，就越感疏离。她觉得自己现在与同事几乎毫无交集，他们大多数是男性，家里有个全职太太，或者根本没有孩子。此外，工作中为了保持竞争力所需的大男子主义（machismo）和咄咄逼人，越来越不符合她身为母亲的角色："我觉得自己像变身女郎西比尔（Sybil）；我仿佛把头转了一百八十度，从一个'气到要把你的眼球挖出来的人'，变成一个……嗯……会照顾他人的好妈妈。"

随着她们更投入社区志愿服务，有些女性发现自己渐渐被非营利世界对母亲更友善也更有社会意识的工作文化所吸引。之前在医院担任首席执行官的莉亚就是这样变成了环保倡议者；沉浸在非营利的社区工作与政治自由的环境，促使她看待过去工作生涯的方式有了明显的转变，以至于现在，当她想到过去严守的企业与牟利心态就"畏缩"了。

改变的时候到了　年纪渐长还有日益成熟的过程，

可能进一步把女性推向“回馈”之路。研究衰老以及生命历程的理论专家，从荣格到埃里克森（Erik Erikson），再到当代生命历程学者麦克亚当斯（Doug McAdams），他们都说中年晚期是奉献服务（generativity）增加的时刻，人们到了这个生命阶段，极度渴望增进他人的福祉，也希望对下一代产生深远的影响。[6] 与此相关，研究人员发现，有一群人数较少但不断增加的长者选择在中年之后转换跑道，进入有益社会的领域寻找有意义的工作，比如教育、健康照护、政府及非营利工作。不论是称“第二人生”还是“职业生涯安可”（encore careers），这种变化反映出在越来越长寿以及晚年乐活的脉络下，美国人越来越需要（也越来越有能力）工作到更老，同时也渴望到了中年晚期之后可以回馈社会，并带给社会正面影响。[7]

此外，最近关于女性生命历程职业生涯模式的研究表明，职业女性在中年晚期的生涯选择，要比之前的阶段更有可能受到寻求真实性（authenticity）和内在意义的影响。针对职业女性随时间改变的职业生涯形态，社会科学家曼尼洛（Mainiero）和苏利文（Sullivan）发现，女性的生涯价值观和动机会在不同生命阶段转移，大致反映她们工作—家庭轨迹那条弧线。标准的模式是职业女性从职业生涯早期专注于挑战和成就，进入职业生涯中期强调工作与生活结合，再到职业生涯后期（对应空巢期）注重真实性。根据曼尼洛和苏利文，对于那些因生命日渐成熟、自我知识增加还有摆脱家庭需求羁绊的职业女性来说，工作在她们生命次序的变化，让她们觉得更为真实。[8]

同样地，一般来说重启职业生涯的人，尤其是改变轨迹的人，对于找到更贴近她们这个生命阶段（四五十岁）的核心价值与兴趣的工作，有着强烈的渴望。如我们在第四章所见，这强烈反映出她们倾向把工作的内在回报（意义、乐趣与社会影响力）放在首位。女性把满足感摆在薪水之前，这显然是她们阶级特权的产物。但一些女性的评论也表明，她们对工作的取向从外在转到内在，也可能是她们更为成熟的结果。年龄与生活经验的增长，似乎让她们有更大的自觉，认为工作要符合自己的偏好，也让她们有更多自信，不再那么看重外在的肯定。过去是医院首席执行官的莉亚说，她之前的职业生涯有部分反映的是她更年轻时的价值观，还有那个更需要社会肯定的自我："好吧，所以我认为如果我必须重新来过，我会进入医疗保健行业，因为我父亲是医生，我母亲是医院募款人员，就好像我注定要进入这一行……我觉得自己会十分在意外在成功的职务，而且在某种程度上会是'哦，我是一个拥有 MBA 学位的女性，我必须做到那个、那个，还有那个'，这里头有许多的价值胜过其他选择。"

有些女性职业生涯的改变是出于日渐意识到自己的衰老、时间的流逝以及职业生涯的前景越来越暗淡，因而越来越急着遵循自己的内心。梅兰妮·欧文（Melanie Irwin）在快要五十岁的时候，熬过了癌症的打击，不久之后还经历二十五年婚姻的瓦解。在她五十岁生日前夕，面对生死，还有可能余生中都要孤身一人的可能，她决定要"为我的生活加油"。一时兴起，她选择了骑马这项爱好，最终还买了几匹马。然后，在她的老幺上大学后不久，她在镇上开了一家可以让人骑马以及让马儿住宿的马棚。当她挖掘出自己晚年的热情，梅兰妮很清楚自己不会再回到过去在高科技领域担任销售主管的工作，她现在了解整天卖东西——电脑——不再是她热衷的兴趣。

从本质上来看，选择离开职场一大段时间之后，重启职业生涯的经验在过去与现在那个上班的自己，写下了一个清清楚楚的断裂。虽然退出职场并非大多数女性计划或预期的生命事件，但就如梅兰妮的故事所示，这样的职业生涯破裂（尽管明显流失了一些东西），也有可能成为一个创造性成长的机会。也就是对于一些女性来说，这提供了一个即兴发挥的机会，可以把她们的新旧兴趣和技能缝合到不同的职业生涯之中，使之更符合她们改变之后的身份认同。[9] 但代价是什么？女性如何走过职业生涯重新定向的变化？

冒险的事业　一旦到了重启职业生涯的时刻，楠总共只花了"大约五分钟"就决定不要回到以前的出版领域。楠清楚说出了许多人在这个关键时刻的感受：她们过去的职业生涯现在看来是一个无法挽回的过去、褪色的残迹，对她们没有太多的吸引力和承诺。虽然楠知道自己不想回出版业，但是寻找和准备新的职业是一个更漫长也更有挑战的过程——也几乎无法保证成功。楠列举了一些令人欣慰的观察，她的邻里附近许多选择退出职场而有才华的女性，在重返职场时，也拒绝回到老本行，而且还使尽吃奶的力气再造自己的职业。

转换跑道不仅是最常见的策略，也是最困难的重启策略。采取此项策略的女性经常会换工作、改变职业轨迹，或者在重新启动数次之后离开职场，接着又重新进入劳动力市场。一开始选择转换跑道的女性，也比使用其他策略的女性，花费明显更长的时间才能重新开始；也就是说，她们基本上在离开职场整整十二年后才能重启职业生涯——比修正跑道的人多了七年，比卷土重来的人多了四年。

为什么转换跑道是如此不安且漫长的过程？这就像创业，展开第二个职业生涯基本上是一场创业冒险——一场有风险的奋斗，夹杂许多不确定性、需要大量的投资、试错，并且容易失败。

再投资、再认证　对于大多数转换跑道的人来说，来到全新领域从头开始所需的训练和准备，需要大笔的投资——或“再投资”（这是基于她们之前的职业训练和认证而言）。取得新的教育认证，是此类投资中最耗费时间与成本的一项；走向转换跑道的女性，比起采取另外两种策略的女性，更可能这样做。大约有一半转换跑道的女性，在某个时间点至少又取得一张教育认证书（硕士学位、专业证书或博士）。

虽然有些女性进修拿学位是为了获得文凭，但阿曼达也把她上的课程视为目的，亦即帮助她探索和琢磨她的职业方向。别忘了，阿曼达变成家族医疗经理的经验使得她先攻读了一个生物学硕士。阿曼达虽然喜欢这个课程，却发现自己对于这是否是适合她的科学领域，稍有保留。因此，阿曼达又在她所在城市的一所精英大学读了两年学士后科学学位，这让她可以涉足基础科学中各式各样的进阶课程，同时也完成各种先修课程，假如她决定攻读科学博士，可能就需要这些。隔年，她又在附近一所医院的生物化学实验室完成不带薪的实习工作，也更加确定她对化学研究的志向。最终，阿曼达的广泛修课、认证再加上亲自担任研究室志愿者的经验都获得回报，一所名校的化学博士班录取了她，而那正好是她的首选。

即使有些女性并未投资新的资格证及学历，但她们以其他方式付出了学费。对于大多数人来说，这包括了在小孩就读的学校或当地的非营利组织从事多年的志愿工作。正如我们在第二章看到的，志愿者的工作要求可能很高，也要花上许多时间，相当于一份需要大把时间的兼职工作。对于许多女性来说，志愿工作的参与是一个过程，出于妈妈渴望更投入社区与孩子学校的生活。

然而，有些女性把投资在新领域的大量志愿工作当成一种策略，测试她们对新领域的兴趣有多大（还有准备投入）。

此外，转换职业生涯可能需要投入更多时间与经历在那份工作上，才能加快脚步跟上新的领域，就如同从律师变身为非营利机构主管的劳伦所解释的："我会说这在很多面向上都是一条漫长的学习曲线——许多非营利机构的管理和方案评估的问题——那是我以前都没碰过的事情。一直到现在都是如此，我每个礼拜五基本上都在阅读这个领域的资料。"

从试错到挣扎　有一些女性，比如梅格和劳伦看起来是直接划向她们的新职业，然而，其他女性则花了数年时间试错与试验，游走在各个工作并且（或）接受不同的教育经验，想办法画出新的职业路径。回想我们在第四章提到的艾米丽，她绕了几份不同的工作，最终发现自己适合当小老板。此外，正如我们在阿曼达身上所见，在试验不同职业途径时，教育认证可能成为一种有用但相当耗时的工具。

有时，试错的过程会走向死路。莉丽·汤森（Lily Townsend）一开始是回到公司法务的老本行。然而，五年换过几家不同的事务所之后，莉丽意识到辞职前的矛盾心理，而今终于确认这种感觉。此时，她再次离开并重新思考自己的选择。莉丽回想起大学时主修英国文学时对语言的喜爱，因而有了投入出版界的想法。莉丽花了一些时间跟任职于出版界的大学校友了解相关资讯，他们提醒她出版业正在萎缩而且薪水相对较低。她丝毫不气馁，对于新的职业抱负，持续充满迈进的热情，她说："我想是时候享受自己的工作了。"

接下来的两年，莉丽上了一些必要课程，从市内一家颇受敬重的出版培训方案取得专业资格（都是人家建议她要"跨过门槛"而必须上的课），并且做了各种无偿的编辑工作。起初，运气似乎站在莉丽这一边，没多久，她就在一家小型的线上教材公司找到一份特约编辑的兼职工作。但是，她对于这份工作越来越多的行政事务感到不满。一年后，莉丽辞职不干了，虽然她坚持不懈地找工作，但她带着悲伤的语气说："基本上，这是一个黑洞。"

接受我们追踪访谈时，也就是她决定离开法律界整整七年之后，莉丽依然找不到一份有稳定薪水的出版社工作。反之，她做的就只是一份办公室打杂的兼职工作。眼见空巢期近在眉梢，莉丽觉得是打起精神努力找工作的时候了，但是她对于前途不抱任何希望。

容易失败 虽然莉丽明显没有出路的职业轨迹更像是例外而非常态，但它也点出那些转换跑道的女性面对的是一条容易失败的路。如同莉丽一样，显然有少数的转换跑道者不是难以找到工作，就是无法在她们选择重启的领域持续工作。这群苦苦挣扎的转换跑道者，似乎有一个共同点，她们在那一个专业里头身为一名老菜鸟的地位有如契约工。转换跑道的人进入这么一个高度竞争的就业市场特别危险，因为她们的老练，在一个大部分是新鲜人在找工作的领域，反而是劣势。偏向年轻工作者的年龄歧视，在晋升之途比较漫长的出版界与学术界，特别明显，因为人们认为年轻人有比较长的保鲜期（shelf life）。莉丽早就知道出版业的求职市场，但一直要到后来她在出版业得到一份工作时，才得知这行严重的年龄歧视："他们让你从大学毕业之后就一直待在最底层，你必须自己往上爬。如果你年纪渐长，之前也做过其他事，有一些技能，这里真的不是一个适合你的地方。"

阿曼达也面临类似严重的年龄歧视，一个年纪比较大的人却才刚踏入一个高度竞争（与萎缩）的科学学术领域。当她开始找学术工作时，她从指导教授与同事那里得知，自己面对的是一场艰难的战役，因为在学术终身聘用体系里，比较受青睐的是年轻的申请者，而她却是一个比较年长的求职者（五十岁出头）。由于有可能无法在学术界安身立命，因此阿曼达已经在探索其他选择，但她也认识到学术界是唯一允许她做自己最想做之事的一条路——追求自己的研究之路。

转换跑道的女性面临另一个脆弱点，这在紧缩的劳动力市场中尤为明显；作为所属领域或工作上的新人，她们面临着"最晚进用，最先解雇"的现象。过去是国际销售经理的娜塔莉，在取得教育硕士学位之后，一直很享受她的新工作，那就是在当地一所公立中学担任语文老师，直到学校新的主管决定砍掉语言人文课程为止。身为一名菜鸟老师，也就是“身份最卑微的人”，她因此被学校降为兼职人员。娜塔莉因为急着想要有全职收入（她的丈夫由于行内不景气的压力最近刚被裁员），因此她又在另外两个她觉得工作机会可能比较多的领域重新取得认证。但随着公立学校受到的资助大幅削减，娜塔莉的求职徒劳无功：“讲白了，就像往池塘里扔石头一样，无人回应。”

女性以担任小老板来重新启动职业生涯，也面临很大的失败风险。几位女性开展自己的事业有部分原因是她们相信这样比较能控制自己的作息。然而，创业是一种声名狼藉的冒险行为，为了建立一个成功事业所需要耗费的大量时间，可能使得创业所拥有的作息自主化作一场空。过去担任行销主管的克莉斯汀，成立了一家创业女性领导能力的咨询公司，结果仅仅两年就关门大吉。讽刺的是，她的业务——协助《财富》美国 1000 强的公司推动工作与家庭政策的现代化——比她所预期的还要频繁到国外出差，根本兼顾不了家里的三个孩子：“公司向我咨询弹性工作的政策、工作与生活平衡的问题，以及女性离职的问题，然而我却不大遵从自己盲目的建议（Kool-Aid）。”

艾米丽和梅兰妮也都开创了自己的事业，但因为已经到了空巢期，两人的进展比起创业需要投入大把时间的克莉斯汀还要顺利许多。然而，在我们追踪访问她们的时候，即使已经创业多年，两个人还是很努力地要让收支平衡，并且学会那一行的做事方法。

偶然的生活，偶然的职业生涯 进入新的领域从头开始，也就代表一些转换跑道的女性受到工作不稳定与工作混乱的另一种来源的影响。正如我们所见，女性常常会被吸引到薪水明显不如她们过往职业的领域（虽然在她们眼中更有意义也更真实）。不幸的是，这种低收入的职业生涯特别容易因家庭收入意外大幅下滑而颠覆。丹妮丝喜欢她重返职场所做的中学自然科专任老师，尽管这份工作赚的钱只是过去收入的很小一部分。但是，当她担任公司律师的丈夫决定退休时，丹妮丝注意到先生要求她扛起家计、重返过去比较赚钱的工作。同样的情况也发生在娜塔莉身上，她最终离开重启职业生涯所担任的中学语文教师，跳到教科书销售的商业世界。这一次她突然转到比较赚钱的行业，有部分即是因为她先生在不景气期间工作变得不稳定。因此，女性重启职业生涯时被吸引进入的工作类型——薪水不高的工作——往往会强化她们因家庭需求而导致职业生涯无法稳定持续下去，在这个例子中，影响她们的就是丈夫的职业生涯。

工作等于我们 尽管职业生涯再造的过程肯定漫长且困难，但令人讶异的是，一旦转换跑道的人看中一条路，就很容易获得一份工作。其中一个原因是女性在停工延长期间所主动参与的社区志愿工作，有如一份获得认证的无薪实习，让女性具备了未来领域的工作技能、经验与重要人脉（即使大多数人一开始从事这些活动并无意为新的职业生涯铺路）。

大约有一半的转换跑道者能成功利用她们的志愿经验找到工作。过去在医院担任主管的莉亚，曾在好几个著名的环保与野生动物保护组织的理事会从事各种慈善活动，这些经历帮助她开启新的职业生涯，而让她在其中一个非营利组织找到一份主管工作。莉亚在取得环境科学硕士学位之前，其中一个理事就知会她这个组织将要有一个主管职位空缺，而她得到这份工作很有可能是因为她在该领域深厚的人脉还有长期的志愿经验。

女性的富裕背景不仅让她们有时间发展自己在新领域的天分，也提供了发展新领域工作所需的资源。多拿几份文凭不只耗费时间，也可能所费不赀，但学费对她们似乎不是阻碍。此外，转换跑道自己做生意的人，也能够利用家里的资产，提供创业所需负担的高额成本，排除创业常见的资金阻碍。例如，艾米丽能够买下那家小店面，最终变成她小精品店的基地，靠的是说服老公当成家里不动产的投资而资助她。同样地，梅兰妮利用离婚协议拿到的钱去投资骑马生意。

总之，虽然挖掘以及准备新职业生涯方向的过程经常很漫长又很沉重，一旦她们熬过去，女性出人意料地处于有利的位置（除了几个明显的例外），得以在她们选择的领域找到工作。转换跑道者的阶级特权再加上动力，基本上使得她们可以重新创造她们的人力资本及社会资本，也经常（即使不是往往）让她们在新的领域成为一个有竞争力的求职者。

策略二：修正跑道

曾是医疗照护主管的丽莎，在离开职场不到一年的时间，就决定回到过去就职的领域担任接案的顾问。起初，似乎是理所当然的，丽莎找的就是医疗照护的顾问工作。她知道自己专精的领域有许多以接案为基础的工作，而担任顾问比起她过去在医院里的工作更能掌控自己的作息，之前那份工作的常态就是上班时间很长，而且也固定安排在一大早与深夜跟医生开会。然而，丽莎仍然不确定顾问这份工作只是短暂栖身，还是长期工作的安身立命方式，所以她寻求职业顾问的建议。她也和猎头公司开过几次说明会议，他们联系丽莎，想要安排她去做比过去的管理职位还要高一阶的工作："这很有趣，因为他们会向我说明这些工作的内容，我就会说：'喔，太棒了，我要应聘。'然后就参加了几次面试。但是当我听过他们的说明之后，心想，'我才不要再做那样的事，我不想要跳回到我已经摆脱的职场政治、上班时间、压力还有完全缺乏弹性的工作'。"

丽莎修正跑道的策略——在过去的领域寻找接案的顾问或合同工作——非常普遍（几乎有三分之一重返工作岗位的女性采用）。这个方法允许女性能更有自主性地控制自己的工作时间表，而且无须放弃过去的专业。自雇很有吸引力，因为它让女性有在家工作的自由，能安排自己的时间，并且可以配合她们所要承担的家庭责任来挑选案子。被吸引到这种策略的女性，基本上是喜欢她们原先职业的工作内容，而且在那个圈子里有许许多多的接案机会。当然，对于修正跑道者的生涯选项来说，接案的吸引力与可行性，取决于她们配偶的工作是否有完善的福利，能让他们获得家庭医疗照护福利的特权。

使用修正跑道策略的女性，往往基于很强的经济动机而重返工作岗位。因此，有些人可能倾向于在她们以前的领域当个自雇者，因为这是重启有家庭弹性的职业生涯最快速、最实际，也最容易达成的方式。有时候，修正跑道使得女性在不喜欢过去职业的某些方面时，可以调整自己工作的内容或架构，让工作更有吸引力或更令人满意。例如，前资深编辑温蒂·弗里德曼（Wendy Friedman）发现，重新跨入出版业当一名接案的自由工作者，让她可以甩掉对过去那份工作所厌恶的“企业”元素——没完没了的工作量、会议和行政责任——同时保留她喜欢的部分：“我喜欢和作者一起工作，而且享受我接下来的这些案子，因为我只需要做单纯的编辑工作，而不用去处理那些真的很烦的其他事情。”

来得容易 修正跑道的策略从许多方面来说，都是三种重启策略中最简单、最容易获得，也最稳定的方式。整体而言，修正跑道的人，比起转换跑道以及“卷土重来”者，更容易找到第一份工作，也比较不会走上一条混乱的职业生涯重启之路。此外，修正跑道者从辞职到重启职业生涯的时间最短（通常只有五年）。较短的轨迹可能是基于紧迫的经济需求，但也可能反映出修正跑道是一种比较容易的重启策略。

修正跑道者比起转换跑道者似乎有一个很重要的优势，因为她们是回到过去的领域（虽然是临时工），可以倚靠自己已有的人力资本与社会资本。另外，由于她们离开劳动力市场的时间较短，并且经常主动和过去的同事保持联系，因此她们的职业网络会比较活络。前编辑温蒂离开职场不到一年，受益于仍然活络的人脉，如她以下所述：

所以我有个从事文学经纪人的朋友只是对我说：“你想要替我做点小事吗？”就只是看看书稿，然后帮忙修改或重写一下提案，这就是一点小事……嗯，这个经纪人是我一起共事多年的朋友。所以我说，“当然啦！这没太大问题！”我离开这一行不算太久。每一个同事还是很好，会带我出去吃午餐……所以，这有点像是从那里开始当个自由工作者。

尽管温蒂创办的咨询公司不大（到处接几个案子），并且是无意中开始而不是汲汲营营，她从“家庭优先”

开始最终或多或少顺利地转换到重启阶段。来到这个阶段后，她更仔细也更主动地想着如何撑住一个特约编辑实实在在的职业生涯。许多修正跑道的人都跟温蒂一样，在第一阶段投入的自由工作，都有助于让她们快速重启职业生涯的道路更为顺遂。

不过，修正跑道者得以轻松找到工作，还有另一个重要的理由。正如我们在第三章所见，一般来说，临时工作的就业市场竞争性没那么强，这成为女性重返职场相对容易的切入点，不仅是在家庭优先阶段，就算是职业生涯重启阶段，也是如此。毕竟，假如职位空缺只是短期或临时工作，未来的雇主比较有可能挑选一个已经离开业界多年的员工。如此一来，有些女性（尤其是那些已经离开职场较长时间的女性）实际上也会把寻找合同工作当成深思熟虑之后的策略，以此克服女性选择退出职场带来的污名，并且在过去的职业中先站稳脚跟。

过去曾在大医院担任副总裁的布鲁克，使用这种策略重新回到她已经离职五年的医疗照护管理工作——她说这段空白很巨大，“像健康照护这样的产业，支付系统日新月异，新技术不断冒出来，许多工作都可能改变”。有人建议布鲁克至少一开始不要找管理的工作（相当于她离开时的职位），而是去找临时职缺。布鲁克大大仰赖自己和前同事的广泛人脉来找工作，包括她原本的老板和上司，以及她长期有往来的职业女性健康照护管理协会。她很高兴地发现，即使离开了五年，业界依然认可她高超的技能，还有她的专业价值，她说："一旦我开始联络，我发现同事、工作上的朋友都非常支持。我要说的是，她们对我都充满鼓励。要我去联络谁，提供各种协助。所以这也再度让我得到支持。"布鲁克双管齐下的策略，也就是积极但有目标的联络，还有接受合同工作，很快地就得到回报。开始找工作不到三个月，她就有两份工作可以挑选，两份都是医院管理的短期计划工作，也符合她偏好的兼职工作。

去得也容易 修正跑道策略的缺点在于不稳定。临时工的本质可能难以维持长期的稳定；因此，女性普遍提到她们在获得工作机会时都经历了大起大落，而要长期维持她们所渴望的平衡生活，也很困难。另外，这种策略的风险在于工作太少，对于需要赚钱作为家庭主要收入的人来说，这一点至关重要。杰西卡就是如此，她的先生在金融危机期间经常面临失业打击，这激发她以接案销售人员重启职业生涯。虽然杰西卡很讶异自己可以轻松找到案子（前同事与业内的人有时候会主动发工作给她），却也发现很难避免案子与案子之间的空窗期。案子也有可能无预警结束，再加上她先生的工作非常不稳定，所以这对于家里的财务可能有很严重的影响。举例来说，杰西卡曾受聘担任一个计划的销售顾问，但这个计划却突然发生财务问题：

毫无预警的情况下，他们在去年十一月把我解雇，接着我们就没钱了。这很糟糕，真不是时机。我丈夫到一家新创公司上班，但他的薪水低得可怜，真的就只是意思意思。而且你也知道，新创公司的预算都很紧。当案子结束时，实在是一大打击。不只因为那是我最喜欢的工作，你也知道的，我在家工作，自己安排时间，而且我们需要钱……所以再一次，太多的起伏震荡，在这种不景气的情况下，你可能也听了很多；我们也了解到再也没有所谓的工作稳定。因此，工作结束得很突然，去年底的时候，我们一点收入都没有。这就像假期来了——却什么都没有。实在很惨！

虽然没工作的时间只持续了四个月，但这段经历令人不安，也让杰西卡理解到两件事：自由工作者“不能真正指望长期的前景”，而且要比她心里所认知的更花时间“发展业务”。另外，有些女性会抱怨案子来的时候，有时应接不暇。特约编辑温蒂说道，以接案为主的工作，摇摆在弹性工作的好处与“超级难以预料”的诅咒之间。她和先生两人都是在家接案的自由工作者，他们发现，虽然两人都很享受弹性的工作安排，“但有时候周末当大家都在公园里玩乐，或在市区看电影，我们却要在家工作，做到天昏地暗。这就是取舍”。这段话的意思是，女性在职业重启阶段跟她们在家庭优先阶段一样，依然享受着自由工作者的弹性，但假如她们想要以顾问的身份维系职业生涯，在这个阶段她们也没办法随便拒绝需要花很长时间的案子。

策略三：卷土重来

当凯特在三十七岁离开国际销售经理的工作岗位时，她丝毫不怀疑自己在不久的将来，一定会回到自己的专业领域工作。虽然她这份工作的上班时间很长，也几乎都在出差（这也是她生了第二个小孩一年后辞职的主要原因），她一直热爱自己的工作，这份工作让她觉得自己对于塑造公司全球品牌的认同，有着重大的影响力。

正如我们所知，凯特确实在五年后重返职场，原因是她先生决定辞去利润丰厚的金融工作，开一家新创公司。但在情感上，对凯特来说，重返职场并不容易。“我觉得自己并没有再次重返工作岗位的信心，因为我并未跟上行业趋势，所以我绝对害怕再走进去。”

凯特的恐惧不仅仅是履历上那五年的空白。由于最小的孩子还没上学（另外两个还只是念小学），她也很担心在过去那个高度竞争、瞬息万变的职场寻找一份有家庭弹性的工作，会令她气馁。尽管心存疑虑，凯特还是很快就找到了工作。这份工作看上的是她销售的经验，不但是一家顶尖的顾问公司，更重要的是提供了工作的弹性。由于这份工作并不需要直接和客户接触，也不大需要出差，而且让她可以按照自己的安排工作，甚至有时候可以在家上班。“我是说只要有黑莓（手机）

和电脑，我就可以坐在出租车里连上网络，也就可以随时随地看我的电子邮件了。”

尽管如此，凯特发现这项工作一个接一个的计划截止日期还是相当紧凑。她发现自己在晚餐之后经常还要打开办公室的笔记本电脑，一直工作到深夜。两年后，她把工作时间缩减为原本的80%，她解释说：“我只是想要多一点弹性，假如我必须在两点钟离开工作去学校看小孩，这样就不会有罪恶感。”但即使是这样的安排也落空了，凯特意识到她试着限制工作的方式可能“瞬间消失，我不擅长拿捏工作的界限”。她花了四年努力重塑自己的职业生涯后，再次默默地选择退出职场，当我们再度访谈时，她依然待在家里。

凯特的故事说明了女性使用的第三个也是最后一个重启职业生涯策略——我们称之为**卷土重来**。这指的是女性以终身（不是临时）为前提，费尽心思寻找愿意接纳她们工作需要弹性的老板。显然，这些老板绝对不是她们原先的雇主，在她们眼中，以前的雇主几乎无法通过弹性的测试。三分之一的职业重启者能够在最初重启时以这种方式卷土重来。但正如我们在凯特的故事中所见，这可能把女性错置或留在她们之前的起点。

为何卷土重来？ 毫不意外，卷土重来的女性比起转换跑道的人，往往更容易经历现在的兴趣及价值观与过往职业之间的拔河。这种情况在重返教育领域的女性身上最为明显。这些女性一直觉得她们过去的职业对她们来说很重要、有意义且有急迫性（她们家务特权的经历，经常会提升之前吸引她们投入教学工作的价值观和兴趣）。此外，教书工作与女性主导的本质，还有以孩子为中心的作息安排，使得她们在休息很长一段时间后再度重返，也不会有其他女性重返其他领域所要忍受的污名。我们追踪访谈时，已经重启职业生涯的三名老师，全都是采取卷土重来的策略。

有些卷土重来者选择的是比较令人气馁的道路，她们试着回到精英（主要是男性）主宰的职业生涯，这种职业环境对她们这些职业女性并不友善。这些女性深深依附在她们过去的职业生涯之上，但是她们重返的热情及动力主要是看她们能否找到公司，愿意接纳她们对于弹性的不断需求。如我们所见，凯特对于过去那份国际销售的工作有着满满的热情，但是她也知道自己回到前公司，也就代表着要隔三岔五出差。所以，她连试都没试。反之，她把触角伸向顾问工作，至少是刚开始的时候，这种工作似乎可以配合她所需要的弹性。

卷土重来的女性若回到雄心壮志的工作中，像是法律界与商业界，她们预想在这些领域寻找兼职工作将犹如大海捞针。因此，有些人会在非预期的状况下妥协。贝蒂娜相当确信，一旦孩子到了上学的年纪，她就想要重返过去的法律工作，但是她对于能否找到一份兼职工作毫无信心。在她计划回归的前一年（她最小的孩子还在读半天的幼儿园），贝蒂娜无意中听到在她的专业领域有个兼职工作要招人。这家小公司离她家也就十分钟路程。她说自己心里想的是："我真的觉得自己需要抓住这个机会。"她觉得自己如果还坚持等到更好的时间点再回归职场，机会可能不站在她这边，所以就接下了这份工作。

有超过三分之一卷土重来的女性认为，钱是回归时机的主要动力。如我们所知，先生的薪水与职业生涯的变化，几乎是最直接的因素。让我们回想一下丹妮丝的决定，她为了重返过去（比较赚钱）的职业，亦即药厂主管的工作，因而缩短了她在中学教书的幸福生活。这件事的催化剂是先生即将退休，而她需要和先生交换角色扛起家计。

我先生决定……他已经为公司打了二十一年的官司，实在很烦。他说："你很清楚，我们做够了。我们存孩子的大学学费，现在已经达成了。（小儿子）准备要去上大学了。我一分钟也不想再忍了。你说你要回去。你要回去吗？因为如果你这样做，我就在这里退休，改变现在的生活。"我知道只有这样才公平。我很喜欢教书，但是我也有意回药厂上班。所以我就这么做了。

轻松驶进入口 大多数卷土重来的女性，都没有遇到什么困难就获得第一份重启职业生涯的工作，即使是在她们之前男性主导的行业里寻求具备家庭弹性的工作，也是如此。这并不是说这群女性不费吹灰之力就可以找到工作。可以确定的是，她们有着精明的策略，而且非常努力。莉丽使用专门的人力中介公司，显然就是一例。尽管大多数女性更常运用传统的做法找工作，例如口耳相传、搜寻求职广告和投递履历，她们通常是精力充沛且积极主动。

但是除求职的动力之外，卷土重来的女性（就像转换跑道与修正跑道的人）也夹带强大的社会资本和人力资本。正如我们所见，这些资本是她们的能力和阶级特权的产物，她们求职时，也把自己出色的文凭、专业的技能、著名公司的工作经验，还有前同事的人脉都纳入其中。虽然这个资本不免已经随着时间贬值，并取决于她们离开劳动力市场的时间长短，但这些女性的工作资历仍经常让她们站上精英阶层，即使是在专业人士之中，她们也是精英。此外，卷土重来的女性寻找的通常是对家庭友善的工作，而不是资深的最高职位——由于履历上的空白，她们在这种职位上远远没有竞争力。

凯特的情况也说明了这些因素的交织影响，当她开始找工作时，很快就在一家顶尖的顾问公司找到了工作。虽然凯特欠缺顾问工作的经验，也离开职场将近五年，但她在零售与消费物品的专业及高端产业的知识，不仅少见也很重要。此外，说到凯特跟公司的往来，她有好几层优势。她通过在这家公司工作的大学老友引荐，而得以跟她那个领域（零售与消费品）的负责人接上线。凯特的父亲过去有很长一段时间在一家类似的公司担任顾问，在凯特大学时，也帮她在那里取得实习机会。锦上添花的是，凯特跟那位主管面试的时候，竟然发现他太太固定与她的一个好邻居、朋友聚会，这也让两个人忍不住大笑。如凯特总结说："我的意思是……他们聘我没有什么风险。我就是他们要的人。"

丹妮丝也顺利回到她之前药厂主管的工作（比起一般人还要无缝接轨）。不仅是因为她所在的产业非常缺人，她本身也是一个少见而实力雄厚的人选。她一方面有着优秀的学历（一流学府的博士），另一方面在她辞职回家照顾孩子之前，她在这个行业就已经功成名就了。策略上来说，丹妮丝也一直和过去的女老板及上司保持联系，同时她在制药产业的女性主管与科学家专业协会，也一直很活跃。根据丹妮丝的说法，当她解释自己离开业界那段时间在做什么时，人事经理看起来眼睛眨都没眨一下："我说我当了 N 年的咨询顾问，也在中学教了科学与数学，还教了三年弱势的小孩……这里是我发表的全部论文。如今我来了，我回来了！然后对方就问，'你什么时候可以来上班？'"

一事无成？ 女性常常惊讶于她们相对容易就找到一个看似可行的入口，而能回到她们过去的职业。正因为如此，她们也常常没准备好面对酝酿中的风暴。许多卷土重来的女性并没有随着时间推进而逐步稳定职业生涯轨迹。卷土重来的女性一开始选择重新进入男性主宰的领域或是男女混合的精英职业，基本上就构成这种混乱的局面。几乎所有重返过去职业的女性，在五年内都会放弃她们重启的职业生涯。因此，她们要不是不再回去工作（第二次选择退出职场），就是试着彻底改变职业生涯方向，展开一段有时候很混乱的职业再造过程。因此，从比较长远的角度来看，卷土重来进入一个非女性主导的职业，经常是一条曲折、不平而且一事无成的道路。

这么多卷土重来的女性为何再次走向出口，发生了什么事？简而言之，首先许多相同因素的交织，迫使她们离开轨道。第一个也最重要的就是工作弹性问题。卷土重来的女性一直对于弹性工作有强烈的渴望，尤其在至少有一个孩子还在念小学的情况下（她们一般来说要比其他重启职业生涯的女性稍年轻）。这些女性一开始就很努力与老板争取家庭弹性的上班时间。但是，随着时间过去，她们经常发现她们精心规划的时间表瓦解了，或者雇主并不像他们起初说的那样有弹性。我们在凯特身上清楚地看到了这一点，她刚开始以为自己找到一份家庭与工作完美平衡的工作，后来才意识到工作的要求深深打击了她陪伴三个学龄小孩的能力。贝蒂娜也是这种情况的典型案例。贝蒂娜比原先计划还要早一年重返工作岗位（她最小的孩子尚未上整天课），为的是抓住在法律界难得的兼职机会。贝蒂娜很得意地说离开职场五年之后，自己并未忘记太多，还有法律界过去的同事也还记得她。“我觉得这是一种美妙的自我膨胀。起初真的很美妙。我觉得‘这真的很棒！’”

但九个月之后，工作变多了，她最初仅安排一半的时间工作，现在变成至少要花四分之三的时间工作，偶尔周末还要加班。“其他律师都是全职上班，而且每一个人都在期待工作上门……同事们在走廊上跑来跑去，因为他们承受巨大的压力，要完成案子，还要赶上截止期限。这是一个节奏很快的环境。”贝蒂娜苦笑着说，其他全职上班的律师（和“期待工作上门”），几乎都是有妻子留在家里的男性。如此无情的节奏让贝蒂娜感到她“不能满足（老板）的各种需要”，也不能保持真正的兼职作息。于是，沮丧的她辞职了。

就像她们第一次辞职一样，丈夫对于女性决定再度辞职离开，扮演了默许但依然关键的角色。当先生的职业与家庭轨迹来到这个时间点，比起太太第一次辞职时，有些丈夫现在更没有时间一起带孩子或在家里帮忙。这些还在追逐生涯高峰的先生，已经习惯了太太全职在家的好处，并且早已依此调整（或延长）他们的工作时间表。例如，贝蒂娜的丈夫是一名出庭律师，那是一份“极度、极度苛刻的工作”。根据贝蒂娜的说法，丈夫对于她决定重启职业生涯表达了不满和失望，因为“这将会改变他的生活”。这个因素对于贝蒂娜决定第二次选择退出职场举足轻重，因为“有连续一个礼拜他一步都没踏进家门”。当贝蒂娜工作不到一年而宣布决定辞掉这份兼职的法律工作时，她先生感到十分雀跃。

凯特在第一次受访时，说自己“非常像是这间房子的首席运营官”（我先生根本就不管孩子，不管家里的事……他压根儿不做这些事）。第二次访谈的时候，她承认自己在家里的地位几乎没有改变，即使她已经开始做全职工作。这个棘手的现实，不仅说明了她为何决定第二次退出职场，也点出她未来考虑做哪一种工作，因为“我先生工作的方式，他不会接手家里的工作，所以我依然要当家里主要的组织者和监督者”。

除努力寻找平衡之外，卷土重来的女性回到男性主宰或男女都有的精英工作，也苦苦寻找着合适的工作。有些人从试错的过程中学到，她们重启职业生涯的工作跟她们原先期待或预设的价值观及兴趣没那么一致；她们很快就发现自己处于职业生涯探索与工作流动的主动模式之中，非常像是那些转换跑道的人。

离开的门槛很低　值得注意的是，好多卷土重来且对重启工作失望的女性，不是辞掉工作另谋他就。反之，她们第二次选择完全退出职场。如我们所见，有些人觉得自己再次经历了前一份工作那种弹性不足而筋疲力尽的状况；而有些人就只是理解到这些工作与职业不再适合自己。再度选择退出职场的案例中，女性的阶级特权默默地影响了她们的决定。她们没有工作的经济动机，也就是说她们离开的门槛很低，而要留下来的门槛相对来说很高——这份工作必须令她们相当满意，而不只是弹性。[10]

在我们第一次访问贝蒂娜的前一年，她第二次选择退出法律职场。那个时候，她已经十分确定自己不会再回到工作岗位——永远不会。“我们现在的情况是只要我先生持续表现不错，”贝蒂娜解释，“我就不会被迫去赚钱。”由于经济非常安稳（加上丈夫也明确表示不愿她去上班），贝蒂娜的想法是未来要找份有意义的工作，转向公益而不是继续追求一个（可能充满挫折的）职业生涯。正如她所言，“我认为只要无偿奉献自己的法律咨询时间、接点案子或者发展一套可以运用在学校的新计划，我就心满意足”。事实上，十三年后，当我们再次访谈，贝蒂娜仍然全职在家（现在两个小孩都上大学了），她积极想要结合她的志愿工作与休闲兴趣。

薪水在凯特决定再次选择退出职场时扮演模糊但重要的角色。在她重返职场的四年期间，她先生创办的对冲基金已经启动，而且变成一家非常成功的公司。凯特的收入在先生的收入面前相形见绌，这让她摆脱令人不满意的工作环境，也让她不再渴望重振事业。在后续的访问时，凯特已经再度全职在家两年。最近有一家专门招主管的公司联络上她，有一份咨询的工作和她几年前离开的工作类似。但是，凯特发现一想到要跳回过去那种工作就浑身不安。她非常想要在不久的将来重新拥有自己的事业。但是，由于没有经济上的需要，她非常确定她只会选择对的工作：不只要有充分的弹性，也要有意义，而且做起来够愉快，才能让她觉得有必要牺牲时间，离开她那几个“不大不小”的孩子，她觉得自己留在家里，还是让孩子获益良多。

规则的例外　有些女性从男性主宰的职业入手，并在她们过去的领域中成功重启并且维持稳定的职业生涯。但是，这些女性的例外只证明了在传统的精英领域**维持**一条卷土重来之路，有多么困难。丹妮丝就是一个值得关注的例子。当我们对她做追踪访谈，也就是她重返原先职场的六年后，我们得知她不仅没有卷土重来的女性所面临的职业生涯损耗，而且事业还蒸蒸日上，没几年，她就已经从当初选择离开职场前稍低一点的资深主管，快速晋升到公司二把手的副总一职。我们该如何说明丹妮丝卷土重来之后不但维持而且还更加活跃的能力呢？

时机，在这个例子就是一切。丹妮丝从头到尾都清楚自己会重返她所热爱的职场，但她想要等到小孩大一些以及自己可以处理工作上各种消磨人的压力之后再回到职场。她先生的退休正好遇上空巢期，一推一拉让丹妮丝重返她之前那份薪水丰厚但要求很高的工作。随着孩子离家，丹妮丝可以自由地让自己全心投入，踩足油门推进职业生涯，而她也这么做了。

唐娜也恢复原先的律师身份，并让自己在选择退出职场后的重启职业生涯维持良好的生产力。唐娜和丹妮丝不同，她在孩子还小的时候就已经做到了。唐娜长期成功重返精英职业的秘诀，也使她变成另一种例外。她是在先生的公司担任法务，因此她可以安排自己的时间，待在家里工作，还可以挑案子做，这让她可以在家庭与事业的需求之间一直保持平衡。即使唐娜有时候觉得自己就仅仅是“公司里无形的手”，却也发现自己所选择的道路很值得并且远远有弹性，比她在法律这一行里的其他选择更可行。正如她所言：“我对于自己要做的事、时机、方法以及完成的方式都有更大的控制权。”

被迫选择还是特权选择?

有异于常见的说法，选择退出职场后的职业生涯重启，并不仅是单一事件，而是一段漫长、犹豫以及断断续续多年的工作转换过程。不仅如此，女性选择回归职场所要经历的困难，重点并不在于一般所说的找到工作，更多的是对于“对的”工作一种密集、有时候带有挫折的追寻过程。如我们所见，这段追寻几乎或多或少都带有职业的再造，因为女性试着重新开始的职业生涯反映了她们已然改变的身份认同与优先顺序。事实上，不论女性采取何种重启策略，职业生涯再造都可视为女性用来重返工作的首要之途。女性职业生涯当中从未间断的偶发事件，再加上家庭生活不断变动的需求，都增加了女性职业生涯转换过程的起伏与不确定性。

职业生涯再造也可以理解为女性主动的回应，同时也可视为女性回到过往职场时，面对其中的性别限制而很实际的应对之道。这些限制紧紧镶嵌在家庭与职场中，包括原先职业不弹性的高工时本质、以先生的职业生涯为重，还有在家务特权期间由阶级所驱动的母职强化。

这些女性因为面对重返原先职业的障碍，因而采取职业生涯再造的策略，她们或许也可被视为生命轨迹的“企业家”。[11] 她们因为选择离开职场，所以大大偏离了传统男性职业生涯的直线前进，她们每一个都必须创造自己返回职场的道路，而且几乎没有什么制度性的支持帮助她们。在她们过去的职业之中，几乎没有什么位置是张开双臂等着女性的，也不存在家庭弹性的入口，也不会有相应的职业生涯手册或生命轨迹地图，一起引领女性在职业生涯的一大断裂之后，走过重返职场之路。因此，这就和任何风投一样，她们所尝试的创新，既包含很具体的创意，也夹杂风险、试错以及容易失败。

但很重要的一点是，她们在职业生涯上的创新，虽然未受到文化的支持，却受到阶级特权的强力支援。这些女性的富足背景给了她们经济的自由，让她们可以从自己的公益投入中，以及从家务特权产生的照顾文化中，去探索、投资以及追求新的职业生涯兴趣。这也让她们得以审慎选择，将工作的意义与乐趣置于金钱之上。这种令人羡慕的选择权，是社会上谋生工具较少的女性（或男性）难以享受到的。事实上，她们的阶级特权所拥有的时间、资本与其他资源，让她们得以执行与实现她们转变后的职业价值观和兴趣。因此，职业生涯的再造可视为一种**被迫的选择**，但也可看成从特权矛盾中（女性在性别上的从属以及自身阶级特权的冲突）所产生的**特权选择**。

前几章提供了一个特写镜头——或者是一个变焦的视角——观察女性从家务特权一步步过渡到职业生涯的重启，这个过程的特色就是有着各式各样的尝试、磨难与胜利欢呼。往后退一步用广角镜头来看，我们要如何评估选择退出职场还有选择重返职场的长期影响？如何比较女性刚离开职场时的职业生涯与十多年后最终的落脚之处？她们职业生涯再造的代价超过她们获得的好处吗？还是相反呢？她们对于这些改变有多满意或有多不满意呢？这是我们下一章将要讨论的问题。

第六章

整体图景

在我们这次追踪访谈时，绝大多数（超过三分之二）的女性已经回到工作岗位，大部分都在职业重启阶段。她们未曾忘记自己原初的抱负，最终成功回到了职场，实现多年前我们首度采访时她们所设定的目标。凯特先是用自己的销售专长在一家消费品公司担任产品经理，然后在职业生涯中断后，她到一家业内领先的管理顾问公司担任内部顾问。过去是注册会计师的黛安，从一家非营利房屋机构的财务总监转为接案的会计。伊丽莎白曾担任管理顾问公司的合伙人，现在则窝在家里，还没想要返回工作岗位。楠从出版社总编辑过渡到教师助理。梅格从一家大型金融公司的交易员摇身一变成为当地一所学校基金会的发展部高级专员。丹妮丝是唯一再造和发展自己过往职业生涯的女性。她曾经尝试过教书，现在则是一家生物技术制药公司的副总裁。

前几章我们详细介绍了女性重回工作岗位的两个阶

段过程，其中也包含了在这个过程中，她们对工作的复杂排序。相比之下，本章观察女性的相关决定所带来的结果，我们比较了女性退出职场前的最后一份工作与她们目前所从事工作的性质与职业类别有何差异。在此节骨眼上，重返工作岗位的女性处于工作旅程的不同阶段：大约四分之一的人仍然在家庭优先阶段，但大多数人—— 刚好超过一半——处于重启阶段。我们还访问了一些“空巢者”，了解她们为什么尚未重返职场，以及离开工作岗位多年后，她们现在的生活是什么样子。虽然这些女性的故事尚未结束，但我们比较她们选择退出职场前和退出职场后的工作样貌，借此评估女性最后的结果，也就是整体图景。为此，我们集中在社会科学家对于工作的几个关键特征。

首先，我们研究女性在职业生涯中断前后那份工作的性别构成。女性进入和融入男性主导的领域被认为是性别平等的重要指标。此外，所谓的职业区隔则与因性别导致的薪资差距息息相关，而且性别解释了其中很大一部分原因：在其他女性占多数的类似职业中，薪资低于主要由男性占多数的工作。

其次，我们研究女性在选择退出前后所从事工作的薪资和声望，这是衡量她们经济和社会地位的关键。针对这两项分析，我们仰赖的是美国劳动力的详细职业资料。[1] 职业所呈现的大致是类似工作的分类，例如律师与教师，不考虑任何背景。职业也是工作的集合，有具体的地点及单位，例如德普律师事务所（Debevoise & Plimpton）的律师、纽约马马罗内克中学（Mamaroneck High School）的老师。这些分析把我们研究对象的经历置于美国经济和职业结构的大语境下，并再次帮助我们理解她们抉择中显现出来的整体图景。

最后，我们分析了她们工作的具体情况（也把雇主的背景列入考量），探索她们在工作中断前后的其他特点。这样可以看出什么工作被看作“好的”，像是相对稳定、有保障并且附带医疗与退休等福利。[2] 正如我们以下所见，除一个领域以外，选择退出职场会造成损失（甚至唯一的那个例外，她所维持的状态也有待商榷，因为她虽有很高的社会地位但并没有高薪）。但不大容易量化的问题是：她们付出的代价为何？为了回答这个问题，我们看一下女性是如何评估自己目前的工作的。[3]

生命轨迹的再分隔及女性化

女性重启职业生涯最激进、最具破坏性的策略，也最常见的策略，就是到一个全新的领域重起炉灶。梅格和楠的故事表明，女性愿意大费周章把工作重新带入她们的生活，并且大力告别职业生涯的前一页，因为这些工作以前并未满足她们的需求，而现在依然有不足之处。在家的时候，女性发现照顾家人的吸引力，再加上人到中年，使她们想追求人生更大的意义，也仍渴望留一点时间给家庭，因此使得她们探索传统的“女性”职业，例如老师，而这类工作是她们许多人初入职场时舍弃的选项，因为她们那时想追求的是“男性”职业中（例如法律或商业）较新的机会。

请看图 2，这张图是根据三十名女性在我们第二次访谈时正在做的工作绘制而成的（也就是省略四名第一次访问后曾经工作但目前没在上班的女性），这些数字道出了整个故事。在辞职之前，这些高成就的女性几乎有一半（43%）是在以男性为主的职业（女性占该职业人数三分之一以下）中工作，她们之中的大多数都毕业于筛选严格的学院和大学，但她们现在的工作只有四分之一（27%）是在这些男性主导的领域。相反，女性通过以女性为主的工作返回职场的比例大约增加了四倍。

在她们选择退出职场之前，只有 10% 的女性从事

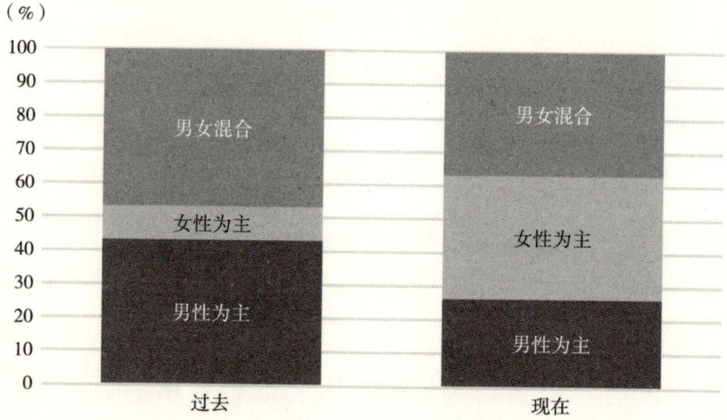

图 2　过去与现在工作的性别组成（N=30）

这些传统上“女性为主”的工作，但重新进入职场后，有37%的女性从事这些工作。在这种带有讽刺意味的回归中，女性之所以再度与男性的职业分隔开来，是因为她们希望获得过去她们在“男性为主”的职业中无法获得的东西。

从男性为主转向女性为主的工作是最常见的结果，也是最突出的变化，但若将其他类型的职业转换一并纳入观察，我们会发现一种“女性化”（feminization）的普遍模式。除了最常见从男性为主到女性为主的转换之外，一些女性从男女混合的工作转向女性为主的职业，就像楠那样，她辞掉出版业的总编辑工作，进入女性为主的小学教育界担任教师助理。还有一些人从男性为主的工作转换到男女混合的工作，如阿曼达离开银行业，转而攻读生命科学领域的博士学位，并从事学术研究工作。

第二种最常见的工作转换模式是一直留在男女混合的工作，约占所有转职者的四分之一，像黛安从非营利组织的主管转为接案的会计师。只有三名女性从男女混合或女性为主的职业转到以男性为主的职业，而这几个人都是小老板（全美有超过三分之二的小老板是男性），例如梅兰妮从电脑销售（混合）摇身一变成为马术训练场的老板（男性）。

总的来说，从男性为主的职业回到女性为主的职业，这样的性别重新分隔，反映出极度的女性化形式，但从整个生命周期的变化模式来看，女性不仅是进入更阴柔的职业，而且在整个家庭生命周期和担任母职的过程中，也从传统上的男性工作转向女性工作。值得注意的是，这种情况发生在那些生命早期就算不是先驱，也是开启或整合到男性职业的女性参与者，她们在选择退出职场时逃离这些职业，并在返回工作时继续闪开。她们的逃离都基于同样的原因：工时长、不弹性，工作环境与家庭对立，如今又再加上一个新的原因——她们越来越渴望影响力和人生的意义，这是她们经历家庭主妇之后所浮现的需求，而她们先前的职场并没有办法满足这部分的需求。

外在回报

收入是一份工作的经济价值指标，声望代表工作的社会地位。社会科学家认为这两者都是工作很重要的外在回报；人们工作既是为了生计，也是为了得到认可和尊重。正如我们所见，这些女性的特权使她们在劳动力市场中有很高的选择权，她们大多数人都不需要为钱工作。她们再度就业是受到弹性与追求意义两项条件的影响，亦即工作的无形回报而非有形回报。她们对于意义和回馈的重视，也凸显她们身体日渐衰老的事实，以及现在的她们比年轻时更有可能思考这一生要留下什么。

损失：亮丽的薪水

女性转向女性为主的工作，对薪水有明显的影响。研究一再表明，女性占比越多的职业，薪水也就越低，即便那份职业要求的条件以及所要负担的责任与男性为主的职业相似。因此，女性从男性为主的领域转换到女性为主的领域，收入会受到很大的冲击（见图 3，这张图依据的是追踪访谈时正在工作的女性）。女性选择退出职场前，工作的收入极高，这些专职、常年工作的女性，平均收入中位数为 111,635 美元。许多女性重新进入劳动力市场的第一份工作是一份意外得来的“家庭优先”工作，然后是一份有目标的“职业生涯重启”工作。所以，她们再度就业的第一份工作收入较低，中位数为 54,985 美元（但请注意，大多数女性在重新就

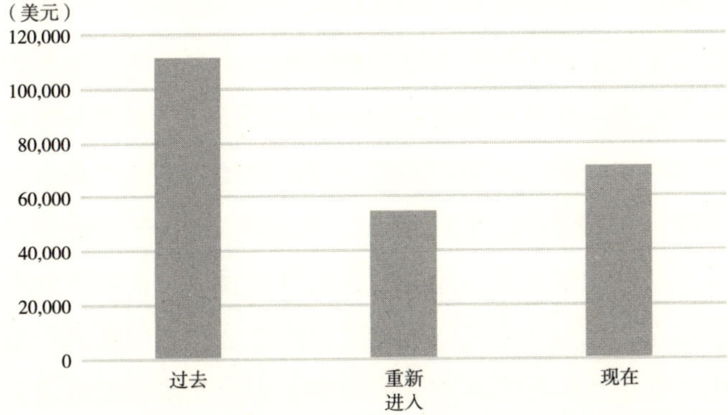

图 3　过去工作、重新进入职场的工作与现在工作收入的中位数（N=30）

业时的薪水只是专职工作的一小部分，因为大多数人都是兼职，而且兼职成分往往很高，特别是在家庭优先阶段），约为她们过去职业收入中位数的一半。当女性找到自己的立足点，经常更换工作，并在重启阶段转向高薪工作，她们收入的前景则回升到相对较高的水准（全美平均为 71,075 美元）。然而，相对于她们先前的工作领域，转换跑道的女性仍然落脚于薪水较低的职业，她们的收入虽然按大多数标准来看还是比较高，但仍然只有她们退出劳动力市场之前那份工作的三分之二左右。

维持“地位”的现状

职业声望或**地位**（交替使用）是指人们对一个人社会地位的认知，根据的是他们的职业而不是个人属性。[4] 薪水与声望或社会地位相关，但并非绝对相关，因为民众对于一个人工作社会地位的认知，考量的不仅仅是薪水。资历，尤其是高学历的文凭，对于人们判断特定工作的声望或地位占有很大的分量，有如权力的行使。社会的判断往往也遵循蓝领和白领之分，从普遍的结果来看，女性的职业对于声望的惩罚并不像她们的收入面临的惩罚那么巨大。[5] 举例来说，教师是高文化和高权威的白领工作，相对来说颇有声望，但比起男性主导的蓝领工作，薪水并不算高。事实上，不论是哪一种职业都不存在声望的性别差距，因为女性和男性从事的职业平均来说具有相同的声望水准——社会学家宝拉·英格兰称之为“空洞的平等”（a case of vacuous equality）——因为它反映的是家长式的仁慈，是象征性的，而非物质性的。[6]然而，只看职业，我们确实看到性别差距，女性占主导地位的职业，如教师和社工，被认为没有那么高的声望——社会学家将此称为“半专业”（semi-professions）或“准专业”（quasi-professions）——而不是所谓的“传统专业”，如法律和医学，在历史上一直由男性主导。

社会学家长期以来研究职业声望，以此为衡量职业社会认知价值的全球尺度。他们采用的是百分制，分数越高代表声望越高。假如换工作是从一种职业转移到另一种职业，职业声望分数的变化也就反映人在阶级结构中的社会流动，无论结果是向上还是向下。有些女性确实会经历向下流动，楠的工作变化使她从 59 分的出版社编辑变为 41 分的教师助理。梅格的改变对她的地位影响不大，从 52 分升为 53 分。请注意，由于声望的分数与职业挂钩而不是工作，所以无法反映她们受用企业的变化。楠和梅格不仅换了职业，而且是从她们那一行的全国大企业转到小地方的学区。声望也无法反映她们从事的是长期的工作，还是临时不稳定的工作。以黛安这种修正跑道的人为例，她离开固定、有保障的工作，留在相同的职业中自己接案。这些举动并未改变她们的职业地位，却有可能被视为降级。

有了这样的认知，如图 4 所示，选择退出职场之前和之后，女性工作的变化并未导致实质意义的声望流失，因为那些转换职业的人（并不是所有人），大多数是换到众人眼中相对有声望的白领女性职业。她们从选择退出前（中位数为 58）到重返职场的第一份职业（中位数为 52），再来到现在的职业（中位数为 55），声望分数一直相当平稳，这显示女性的职业声望反弹到近乎她们退出职场前的水准，相较于职业的收入，并没有任何波动或急剧的下降。

重新上班后，女性维持了地位，面子挂得住，也保有社会资本和文化资本，即使薪水变少了。换到一个新的工作，女性的职业地位与她们以前的职业相当并且一致，同时又能满足她们所追求的灵活和影响力，这是以女性为主的工作虽薪水较低却有的额外好处，得以抵消

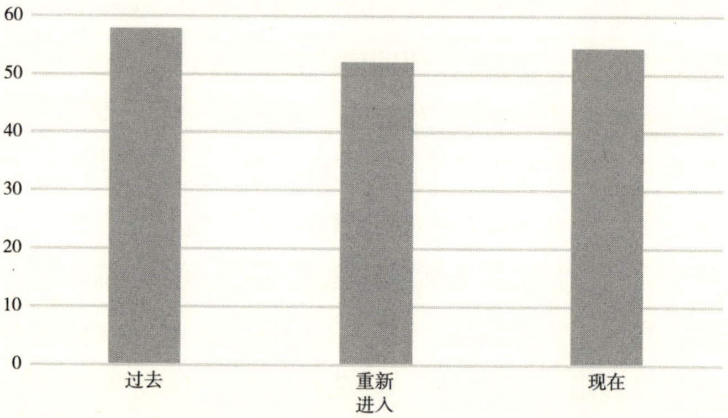

图 4　过去工作、重新进入职场的工作与现在工作职业声望的中位数（N=30）

或减缓她们降薪的损失。因此，只要不造成社会流动迅速往下沉，这些女性职业所具有的较高声望，可能也是吸引这些女性的另一部分原因，尽管没有一名女性清楚提到这是她们进入这些工作的动机。

零工经济

重返职场第二多人的策略就是我们所说的“修正跑道”，亦即留在同一个领域或职业，但从事自由接案、顾问或以项目为主的工作，也就是所谓的“零工经济”。[7] 当这群女性离开劳动力市场以后，这类临时工作就快速成长，而她们也把握了这些工作机会。临时就业以案子为单位，持续时间有限，依据的是“及时”或按需求聘用的劳动模式。临时工作没有正式或长期的工作合约，通常有时间或案子的限制，也没有医疗保险等福利。这类工作（和更多的零工经济）的出现主要是为了满足雇主的需求，使得雇主能够摆脱固定的劳动力成本，拥有用人的弹性。但如我们所见，这些工作也为工作者提供弹性，那正是回归职场的女性所期待的，这样的弹性是她们之前那些固定、全年、全职的专业工作所欠缺的。临时工作可以尽力提高时间弹性，并且配合家庭作息，尤其是学校和假期的安排。接案工作使得像黛安这样拥有执照的会计师，能够在原有技能、专业知识以及人脉的基础上，用比较短的时间过渡到新工作。同样，一直处于零工经济或自由工作前沿行业的温蒂，能够利用她丰富的编辑经验，从大型出版社资深编辑的固定差事轻松转换到接图书专案的自由工作者。

图 5 显示女性在选择退出职场，转换到临时工作前原本的工作，几乎所有人都是做固定工作（工作比较有保障，还有育婴假等优渥的福利）。但是到了我们追踪访谈她们的时候，大约有一半是做接案或零工的临时工作，这让她们可以根据孩子每个学期的作息，又或者是先生的行程，来调整自己工作的时间。[8] 值得注意的是，当我们第二次访谈时，重启职业生涯的女性的工作显然又更好了，有三分之二的人从事固定、非临时的工作，相较之下，那些处于家庭优先阶段的女性几乎都做临时工作。如果我们假定至少有一些以家庭为优先的女性接下来会重启职业生涯，这就预示着女性找到更稳定差事

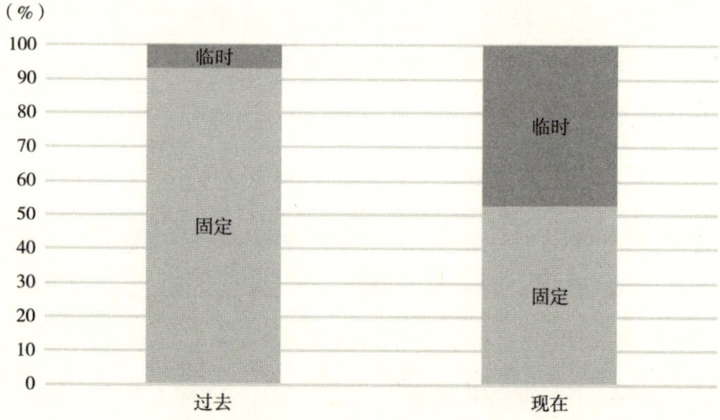

图 5　过去与现在工作的性质（N=30）

的能力会随着时间而提高，但这也说明了在重启职业生涯之后，她们也失去了职场当中一些重要的面向，比如好工作、晋升潜力和稳定性等。除了以临时工作来增加年度工作表的长期弹性之外，女性也借着减少工时来寻求短期的灵活度。从定义上来看，我们追踪访谈时处于家庭优先阶段的女性都是兼职，但除此之外，几乎有一半重启职业生涯的女性也是兼职。这反映出一个众所周知的潮流，女性在女性为主的职业中更有可能是兼职，有三分之二的人都是如此。相比之下，在男性为主的工作中，更有可能遵循理想员工、漫长工时的工作模式，有三分之二的人是全职（男女混合工作的人，则是兼职和全职各半）。

工作满意度

回到工作岗位是因为她们想工作，而不是因为她们必须工作，而且她们有资本尝试各种工作、找一份最适合自己的差事。这群女性知道自己的优先考量，也非常清楚自己的权衡之处。虽然客观来说，她们的新工作与过去的工作天差地别，尤其在薪水、保障和福利方面，但这些女性对于第二次工作的满意度却上升了许多。虽然她们很喜欢过去的事业，也很不情愿离开，但超长的工时、紧凑的行程，再加上兼职与分担工作等潜在解决方式所夹带的污名，使她们对这些工作的看法发生了变化。第一次访问时，女性最常提到她们对于先前的工作有一种复杂的感受或普通满意，有三分之二的人说满意度偏低或中等（见图6）。然而，在为自己目前的工作打分数时，女性都是非常满意的，有三分之二的人表示工作很棒。

由于她们对目前工作的满意度相对来说很高，十个里头有九个是中高满意度，因此女性的工作满意度与她们的薪水（几乎所有人都减了不少薪水）或声望（大多数人的职业声望并未下滑）无关，也就不令人意外了。这也与她们重新进入劳动力市场的具体策略无关。看看进入职业重启阶段的女性，无论是转换跑道者还是修正跑道者，抑或是卷土重来者，她们对于目前的工作都相当满意。这表明没有一条神奇、放诸四海皆准的成功的职业重启之路，而是有各式各样的回归之路。然而，当

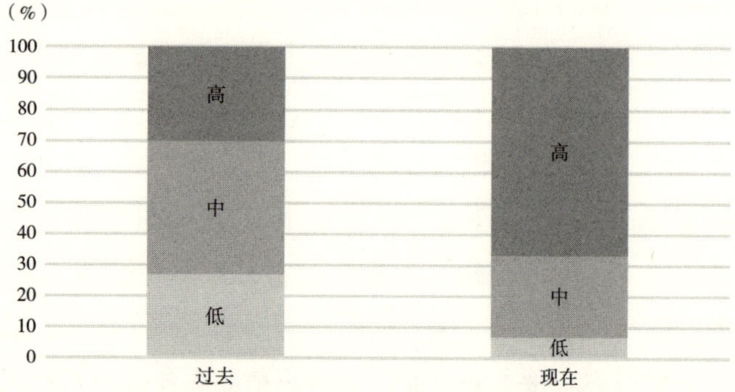

图6　过去与现在工作的满意度（N=30）

我们看一下她们对过去和现在工作之间的满意度变化，而不看她们对目前工作的绝对满意度，就会出现稍微复杂的情况。大约四分之三的转换跑道者与修正跑道者都说与过去的工作相比，她们对现在的工作满意度增加，没有人的满意度下降。正如我们所见，卷土重来者，她们的经历令人眼花缭乱，最明显的是凯特，只有三分之二的人（仍然是绝大多数）说满意度提高，尽管（或许是因为）在所有女性中，她们目前的工作与当年辞掉的工作最为接近。因此，虽然大多数女性对重启的那份工作满意度有所提高，但就业环境中变化最大的女性，包括职业生涯明显再造的人，她们的满意度“提升”最多。即使她们的满意度比不上那些回到熟悉轨道的人，也就是回到起点的人（像过去的职业生涯），但她们的满意度却是大幅提高，这可能是因为她们对于过去的工作较为不满，但也有可能是这个群体在规划回归职场的过程中，经历了职业生涯再造的自我反思过程和试错过程，而两者的相乘使她们对工作的满意度提高。

好的和不那么好的

当我们请这些女性回想当初如何思考是否重返职场，又如何决定重操旧业或走上另外一条路时，她们不断提及工作的弹性与意义——心理而非物质的特质，这也是她们喜欢目前工作的部分。三十九岁的娜塔莉过去担任国际销售经理，现在是教科书的销售顾问，她说："我有非常多的弹性。"同样，过去在资讯产业担任资深销售经理，现在是一名独立的数字媒体顾问，四十岁的克莉斯汀看重的是："主要在于能够参加重要活动的灵活度。"她又补充："我接的客户，有些是针对女性，所以我可以处理女性问题。"梅格这位前交易员现在全职担任当地公立学校的基金会主任，她说："我真的相信这份工作的意义，我从自己三个孩子身上看到这一点。"四十二岁的玛莎曾是一所大型大学的资深发展主任，她已经在家待了十二年，现在在她孩子那所私立学校担任兼职发展主任，她谈到了重建自尊，她说对于那些离开原本职业的女性来说，最严重的打击是尊严的流失，她们变成了外面世界看不到的家庭主妇。玛莎说："来到学校之后，得到许多支持，而且看到这么多跟我一样的人，意识到自己真的有贡献……这实在是太美妙了。这对我的自信心有很大的帮助。"

尽管她们整体的满意度很高，但对于自己放弃了什么却是心知肚明。不论是身为自由工作者还是担任顾问，女性对于失去职场上的同事情谊，都感到遗憾。克莉斯汀说出许多人的心声："这个决定付出的代价，总是令人难过。我觉得自己牺牲掉的一样东西是同事的人脉，这非常需要靠固定上班来维持。我再也没有同事了，少了同事我很难过。"

四十岁的卡伦原本是固定上班的化学工程师，后来在家里待了两年，现在是一名独立的合同工。虽然卡伦对自己的薪水还算满意，但许多女性，特别是从事女性职业的女性对她们的薪水并不满意。卡伦最大的抱怨，也常见于从事零工经济的女性：因为是合同工，所以自己被排挤到更边缘的工作。正如卡伦所言："我确实喜欢这样的作息……从金钱上来看，收入还不错。可是很明显（加强语气），我未必能拿到自己想要的项目，因为我只是兼职。表面上来说我不是员工，我只是个兼职人员……所以我有时候会分到一些需要搞定的工作，但那一点也不吸引人。不过我并不怎么在意，你不可能事事如意，不能既期待有这样的作息，又想着有人优先考虑你的需求，也就是炙手可热的案子。**事情就是这样！**"

记住巢穴——空的吗？

四十七岁的伊丽莎白现在还待在家里，从我们第一次访谈以来，她都不曾回去工作，甚至连试都没试过。这是这群女性的标准样貌，大约占我们受访者的五分之一，自从我们第一次访谈以来，这些人一直待在家里当家庭主妇。她们都没尝试过工作，也就没失败过，而是试都没试。伊丽莎白在年纪轻轻的三十四岁，就成为一家非常知名的管理顾问公司合伙人，但是在她生了老大之后，工作还有出差的时间要求，导致她请了育婴假之后就再没回去上班，而是辞掉工作。

我们第一次见面时，伊丽莎白正怀着老二，后来又生了第三个小孩。她的先生仍然是一家饮料公司的首席执行官，随着公司业务蒸蒸日上，他也越来越忙。我们第一次采访时，伊丽莎白想了想重返职场这件事，她的说法让我们了解为什么她不愿意回到过去那份工作，就像其他许多女性一样。“我不认为自己能够再回去做过去那种高强度的工作，因为管理顾问这一行相当紧绷。它在许多方面都很充实，但压力也不小，而且你会有出不完的差，忙死了。”同样，当我们请她展望未来的计划时，她的优先考量和其他后来重返职场的女性相似。“如我所说，影响这个世界对我来说非常重要。我猜孩子都去上学之后，我会比较有时间，情况会完全不一样。我就可以投入一些时间（去工作）。但我无法想象自己一个礼拜有超过三分之一的时间在工作，也许会兼职吧。”

第二次访问伊丽莎白时，她对于重返职场的想法变化不大。近十年之后，又有了两个孩子（四岁和十岁），她仍然不知道自己想做什么，而且离开工作的时间越长，也就越觉得遥不可及。她最优先的任务还是和孩子在一起——留在家里这些年，这种想法又更强烈了——但是回归职场却变得更加困难；伊丽莎白说，这“有点令人气馁”。“我甚至不知道自己何去何从，因为选择这条路……首先，我甚至不知道有人会认为我十年前或九年前的经验仍然吃得开？虽然我认为自己有一套不错的技能，可能派得上用场，但我想欢迎我去做的工作，可能不见得最吸引人。”

她内心清楚认识到自己想做什么，以及去找工作所要面对的挑战，那完全不同于留在家里得到的回报，目前来看也是如此。伊丽莎白有着丰富的志愿者生活，家人也明确表示更喜欢她待在家里。“由于我先生很忙，因此我觉得他可能更喜欢我留在家里。”她的孩子也说得很明白：“我威胁孩子说我要离开家里回去工作，他们哀号：‘不行！不行！不行！不！不！不！不！妈咪，别这样做！’”回去上班是一种“威胁”，这充分说明伊丽莎白目前对于回去当职业女性的想法。

乍看之下，伊丽莎白与其他尚未重返职场的女性，和那些已经重返工作岗位的女性并没有什么不同。如果我们比较这两组女性第一次受访时的说法，事实上，她们在许多重要面向上都很类似。例如，对于由自己照顾孩子还是花钱请人照顾，一直留在家的女性，一样倾向于前者（事实上是略低），她们辞职的原因相同，而且对前一份工作的满意度跟已经返回职场的女性一致。初次受访时，这两类女性返回职场的意愿也是一样的，正如伊丽莎白所说的，她们在职场上寻找同样的东西，像是乐于探索新领域。这些仍然在家的少数人有三个特点。（1）她们先前更有可能在男性为主的职场工作；（2）她们缺乏自信；（3）她们比重返职场的同类女性更为富裕（她们的丈夫绝大多数从事最赚钱的精英职业，如高级金融）。

三分之二的归巢者（nesters）——尚未重返劳动力市场的女性——过去都在男性为主的职业上班，而我们全部的样本只有一半女性是如此。无论老少，我们第一次与这些归巢者聊天时，她们对于重返职场的信心也不如已经重返工作岗位的女性。以下这两个特质——在男性为主的职业工作，以及对未来重启职业生涯的能力缺乏信心——彼此相关。几乎在每一个案例中，如我们在伊丽莎白身上看到的，缺乏信心与意识到自己不能或不想回到过去以男性为主的职场而必须从头开始有关，她们不知道要从事什么新的职业，也不知道如何下手。在我们初期的研究中，第一次观察到这批事业有成、充满自信的女性对于未来有着罕见的不安，我们把这种现象称为“另一个奥菲利亚时刻”（another Ophelia moment）[①]，将此比作心理学家玛丽·佩弗（Mary Pipher）所说的，青春期女孩的信心危机和认同丧失。事实证明，“奥菲利亚”效应不是稍纵即逝，对这些女性来说，它是长

---

① 莎士比亚悲剧中《哈姆雷特》的典型角色，意指在男性伟大的目标之前，女性的任何人生目标都显得微不足道，注定会遭到牺牲。——译者注

期、持续且多年后才显现出来的。[9] 另一个因特权所造成的矛盾是，这种奥菲利亚时刻往往因归巢者特别有钱而加剧，这样的背景可能会让她们缺乏动力去打破重塑职业生涯的艰巨障碍。

到了一个年纪，女性正是在盘点人生与工作的阶段，并且思索着她们眼前可能的最后一搏，这个群体中的女性仍然在寻觅着，而且也没有简单的答案。典型的例子是瑞秋，她在我们追踪采访时已经五十六岁。瑞秋拥有顶尖商学院的 MBA，二十一年前她离开职场时的最后那份工作，让她度过一段相当艰辛的岁月。她受雇于一家业界领先的投资银行，里头是一个僵化（你不能把金融业当兼职）、阳刚且厌恶女性的环境，她在那里的职业生涯仅能依循为母之道（译按：为了照顾孩子减少工时及放弃升迁）。我们第一次访谈时，她刚离开职场五年，不确定是否要回去，却很清楚，如果自己回到职场，也不会再去金融业。十六年后，她表示全职照顾孩子“仍然很美妙，看着孩子们一步步成长、成熟和发展，很令人兴奋”，但她对于一切和工作有关的事都比较矛盾与暧昧不明，包括恢复自己的职业生涯。

当我们来到她位于硅谷山上的家，于客厅坐下来准备追踪访谈时，她二十几岁的女儿走过来，打探我们在干什么，只不过访谈尚未开始。瑞秋跟她说我们在聊她中断的职业生涯，女儿要离开前还告诫瑞秋：“别这么做，别这么做。”我们谈话的整个过程中，她在言语中一直带着歉意，有一度她说：“我对自己过去二十年并不会特别骄傲。”她用我们在第一份研究经常听到的“调酒派对困境”（cocktail party dilemma）为例进一步阐释，这对于瑞秋还有其他尚未重返职场的女性来说，依然挥之不去，而且还相当传神。

在这个社区，有很多受过高等教育的女性选择退出职场。嗯，留在家里的女性，她们不会被认为没有价值或是废物……所以，如果你是个家庭主妇，你受过的教育还是支持你自己的自我价值……但我觉得这就像……（她叹了一口气），嗯，你去参加一场鸡尾酒会，现场的人会问：“你是做什么的？”你知道我不会很骄傲地说：“我是个家庭主妇。”而现在孩子都不在家里了，我真的不能说我是个家庭主妇。所以我必须想出一些说法。你懂吗？

虽然倾向于重返职场，但瑞秋仍然不确定自己要做什么。她现在比较可以接受金融业，她可以利用自己的学历和过去的技能，但她做的是个人财务或房地产规划师而不是交易员。年龄歧视令她担忧。“我可以提供很多东西，但对于雇主来说，我不认为自己比年轻人有吸引力。”为了找到自己的路，她去年上了一些课，包括语言课程，看看自己是否“对任何事情还有激情”。尽管自从老二差不多五年前进大学后她就“一直在想这个问题”，但她还是“毫无头绪”：

我希望自己可以对于要做什么有一条路或一幅清晰的图像。嗯，我的意思是我一直在考虑这个问题，但一切还是……毫无进展，我仍然在父母和孩子之间感到非常纠结，并试图弄清楚自己想做什么……但这真的很难，因为我不觉得我有什么技能。我一直在想：“哦，我会回到学校，我会学到一些东西。”但这需要大量的努力和精力。而且就算如此，他们也可能不会聘用我，我也不确定。

她一直不确定自己想做什么，再加上信心消退以及从未间断的家庭需求（丈夫仍然经常出差，老幺刚上大学），都使得她无法跨出一大步重返工作岗位。瑞秋嫁给了一位成功的投资银行家，所以她也没有重返工作岗位的经济需要。她想了一会儿说：“我觉得自己太软弱了，我只是不打算把自己逼得那么紧，因为我没必要那样。”

整体而言，瑞秋所代表的群体——从未重返工作岗位的女性——几乎都不后悔放弃职业生涯的决定，但她们却说出内心的冲突矛盾，喊出自己对当前生活的复杂情绪，并且强烈吐露出对特权的矛盾心情。派翠莎顶着顶尖名校的 MBA 学位，她丈夫在金融圈有着丰厚的收入，而她待在家中担任专业的志愿者，以及多个团体的董事，高度投入并且有个成功在家的“生涯”。当她提到目前的生活，以及选择退出职场，然后专注于志愿工作和社区工作的决定，她说：“我很吃惊的是那份充实感，但也会感到空虚。”同时，她也很讨厌自己内心那种后悔的感觉，也在自己的特权中挣扎。

说实话，我不知道自己是否珍惜不需要去工作这件事。我可以过这样的生活，因为先生赚的钱足够让我们过得很好，并且一路支持我们的孩子。你看到了，我享有令人难以置信的自由去挑选我想做的志愿工作。只要有人邀约，我就可以跑去打网球。我的意思是，我真的珍惜吗？啊？这到底有多糟？而且我不知道自己是否真的有价值。我很不好意思自己无法提供真正的价值。

尽管如此，她仍为自己失去的职业生涯感到悲哀。她“本来可以成为一名有力的竞争者”，并且深知自己做了一个前程似锦的 MBA 从没想过的取舍。

我不认为我曾逼自己去挑战极限。我觉得自己做了一个（不后悔的）决定，把自己从职场、官方认定的就业市场，甚至是企业界拉出来……专注于孩子和家庭。我可能在 1999 年也说过这句话（十二年前我们第一次访问时，她的确说过），但如果有人对我说，也就是我在商学院，甚至在大学时（会做出我后来的决定），我会（大笑）说："你吃错药啦！"我很震惊，也对自己有点吃惊。但我做了那个决定，一点也不后悔。然而，我后悔这个决定的副作用，那就是没有把我自己的成就，还有我能够做的事情，放到更优先的位置。

挥之不去的忧虑

有太多的归巢者过去都在男性主导的行业工作，这显示男性工作的特质不仅影响女性重返职场时所追求（或避开）的工作类型，造成家庭生活圈更大的分隔趋势，也可能引发女性的信心危机——奥菲利亚时刻，彻底打消她们重返职场的念头。比方说，并未重返职场的女性当中，像是瑞秋这样年纪比较大的女性，以前极有可能是男性职场上的先锋。瑞秋目前的想法显然受到她过去经历的负面影响。对于像伊丽莎白这样比较年轻的女性，我们也看到男性职场对上班时间和出差的要求，令她沮丧。由于这些女性过去的职业注定遥不可及，她们显然只能硬着头皮、随波逐流，面对重新调整方向的挑战。许多女性都迎接这一挑战，但像伊丽莎白这样年轻的女性留在家里的时间越长，当她们来到空巢期时，过去在职场上的记忆应该令人不寒而栗，而这会让她们不想重返职场吗？

如果？选择退出职场的差距和领导力的丧失

自从伊丽莎白放弃在美国一家最受人敬重的管理顾问公司担任合伙人——这本身就是一个重大成就——已经过了七年。她在访谈中清楚流露出对未来就业的不确定性，可是被问道："如果你继续工作，现在是什么样子？"她充满自信地回答："那家公司的资深副总。"凯特认为如果自己还留在销售界，也同样会是资深副总。黛安不曾想要成为大型会计师事务所的合伙人，她后来是在一家非营利机构升为首席运营官。梅格比较喜欢在交易厅而不是担任管理阶层，最后她也攀上巅峰，变成一名成功的交易员。楠现在是兼职教师助理，她设想自己会成为资深副总和总编辑，而实际上，在她辞职前已经待过这些职位了。丹妮丝在我们追踪采访时还是一家生物技术制药公司的副总，她认为自己"现在也应该还是"。

这些女性的回答跟伊丽莎白及其他人一样，毫不迟疑。许多人，像黛安和楠，辞职前实际上已在她们原先的领域达到个人巅峰。其他辞职前尚未爬上巅峰的女性，答案也与伊丽莎白非常相似。律师梅芙·特纳（Maeve Turner）在家里窝了二十四年，未曾尝试重返职场，她说若留在职场，她会成为州立法官或联邦法官，而她原本已是行内一流的诉讼律师。布鲁克现在接一些医院管理的案子，她认为自己会成为大医院或医疗单位的首席执行官。有好几个例子都显示，女性接受追踪访谈时所做的工作与她们自认可以做的工作，前后的落差非常明显。

虽然她们的想象可能过于美好，而且永远无法知道她们的预测对不对，但如果观察这些女性选择退出职场前的职场轨迹和升迁记录，就会发现这些预测仍有一定的可信度。有些女性可能过于乐观，忽视或忽略了玻璃天花板和各种性别歧视，但反过来说，许多人当年就已经在所属领域爬上高层。为了证明自己所言不假，许多人以还在工作的前同事为例，借此支持她们的说法。拥有 MBA 学位，五十六岁依然在家的派翠莎就是标准的例子，她说："无论我现在做什么，都会是主管。"她用一件事来支持自己的说法："取代我的那个人，现在是公司的董事长，而和我年纪相当的同事，都是主管。"例外则是证明了规则，我们研究中有一位女性回来之后爬得更高，丹妮丝辞掉原先在制药公司研发主管的工作，并在另一家公司当到副总。女性目前的职位（辞职又重返职场）与她们预测自己如果继续工作的职位差异，体现了所谓选择退出职场的落差（optingout gap），以及因此所遭受的惩罚，也就是失去担任主管的机会，至少从男性线性职业发展的模式来衡量是如此。选择退出职场的落差也让人看到泄漏管道效应，女性人才如何以及何时干涸或流光。女性在两个关键点离开职场，有的是职业生涯中期和上升期（主管机会未能实现），这点有非常清楚的记录支持；有的则是在职业顶峰（失去主管工作），这部分的记录虽然较少，但在我们的研究中却清楚可见。

幸福的结局？

尽管女性重返职场之路充满死路和砍掉重来的过程，但女性选择退出职场后，一般来说，都会选择回归。在她们重返职场的路上，阶级特权使她们有很大的自由决定要不要工作。虽然她们想做全年度的兼职工作可能是自己的“选择”，但一个男女高度分隔、越来越多临时工的劳动力市场结构，造成这些女性的职场缺乏稳固、有保障且兼具家庭弹性的工作。因此，她们被迫离开之前薪水比较优渥的男性职业，转而从事薪水较低以女性为主的职业，以及几乎毫无工作保障、福利、前途，甚至是没有重要任务的临时工作。

对于这些才华横溢的女性来说，选择退出职场意味着重新进入性别隔离的世界。女性失去高薪和升迁机会，并且变成职场上的边缘人，这也在很大程度上使她们失去在过往领域的璀璨前程。她们发现自己变成某一行的“老”菜鸟，或是自由接案合同工，不再属于任何组织。幸运的是，由于我们这个社会以一种仁慈的家长制（benevolent paternalism）来看待高度性别化的女性工作，女性的职业地位并未急剧下降（尽管我们也要记得这种社会学所衍生出来的方法，并未把用人组织的声望或工作地位其他公认的指标纳入考量）。虽然这可能是一种相对空洞的安慰，但至少女性能够在她们重返的领域大致保持地位，并免于经历剧烈的向下流动。

尽管客观来看，有着这些负面的影响（女性也心知肚明），但从主观上来看，她们的故事（大部分）都有个幸福的结局。女性开心地回到工作岗位，并在新工作中找到快乐——事实上比她们在过去的工作更快乐——尤其让她们开心的是，她们在传统女性职业以及非营利部门，找到工作的意义，感到满足，并且让她们的人生有所不同，有几个人甚至当上那个圈子的领袖（例如非营利机构的执行董事）。比起留在家中的女性，她们更快乐，冲突更少。然而，她们个人的成功故事和满足感，掩盖了她们在传统男性工作中的才华、贡献和潜力等更大的损失——许多人在退出职场前，正努力融入这项男性职业——我们从她们透露自己若继续工作有可能变成什么样子来衡量这件事。我们如何在个人的幸福结局与更大的剧情之中，找到一个平衡点？

第七章

特权的矛盾与展望未来

回顾过去，展望未来

当我们的访问接近尾声，受访者经常回顾过去，甚至展望她们积极经营的未来。我们聊到天南地北，但主题和话题不断重复。女性一再说到选项和选择、再造以及走出自己的路有多复杂。她们认为一切要靠自己、自力更生，找出自己的方法面对事业、家庭、职业中断和重返社会的挑战。而且她们想要扛起一部分甚至全部的经济重担来“回报”自己的先生。

从销售主管到管理顾问，下一步?

凯特在最近（也是第二次）职业生涯中断期间，“做了太多志愿工作”和“照顾他人的工作”，而准备开始“为自己做一些事”：“我想找回工作和为更大目标有所贡献的认同感。”她先生的对冲基金过去几年在市场波动中承受巨大损失，也使她重返职场的念头越来越强烈。凯特很高兴能帮上先生，但也知道自己必须继续承担大部分的家务，因此她对下一阶段的想法是："我想做一些可以长久延续的事。这是我主要的想法。"

主要的想法以及**那个**一再出现的问题，依然不见简单的解决方案。凯特所说的"长久"是指超过上一份做了五年的工作。她已经厌倦短期工作了："我不想再那样了（一份新工作做不到五年）。我想做一些可以建立自己专业知识的工作，并在孩子上大学后继续做下去。""长久"也意味着避免以接案为主的顾问工作，也就是那种日程很赶的"高强度"工作。凯特知道自己所面临的挑战，也知道自己与其他跟她一样的人，必须经历职业生涯不断再造的过程，也明了她们拼凑起来的解决方案常常是短暂的。**"我觉得我唯一能做的事情，就是继续努力找出适合我和我家庭的方法。我觉得在人生一个阶段可行的东西，在另一个阶段未必可行。**我很兴奋自己还是想回去工作，我觉得自己可以有点贡献，而且我还是有机会的。"

凯特顶着名校学历和在两家一流公司的资历（她用营销术语来说，就是"良好的品牌效应"），她大有说大话的理由："我十分清楚，也非常感激。我不认为自己可以自大自满，但我可以自在，而且我无须道歉。"访问结束时，凯特准备去一家猎头公司做职务面试。对她来说，这是一个新的领域，但很有吸引力，因为它关注人们的职业生涯路径，而这是她思考很多的东西（“我喜欢了解人们选择的道路”），而且她也重塑了自己的路。这份工作到头来“太嫩了”，但它让她起身找工作了，她从九月开始认真找——四十八岁的时候重新开始。

注册会计师

多年来一直在接案的黛安，正考虑扩大自己的会计事业，因为老大已经上大学，另一个孩子也快上大学了。她手上有一群稳定的客户，也具备房地产税法方面的专业才能，因此她觉得这样做问题不大。她不厌其烦地在领英（LinkedIn）发布自己的履历，她告诉我们，随着年龄增长，“如果你不在社交媒体上做这种事，就会显得你落伍了”。她和凯特一样，受够了志愿工作这份差事，想要“卸下”这个工作。她也和凯特一样，想帮先生分担一家之主的压力。正如她的解释，“我的意思是他的工作压力很大，这也会让你很累，所以到头来我会想要尽力为他分担压力”。

除了帮忙支付孩子大学的学费，黛安还认为工作赚钱“是为 401k 退休金福利计划和退休存钱，这样我那可怜的老公（像她一样，五十四岁）就不用工作到七十岁，可以退休安稳过日子……我丈夫的工作压力很大，身心疲惫，如果我们可以，嗯……也许……我是说，嗯，我们必须看看自己最后有多少钱……在儿子大学毕业后，嗯，如果有什么办法，我先生也许可以创业，或者压力不像现在这样，那就真的很好了”。虽然不一定会有这一天，但黛安为了重振事业而设想的路线，似乎很可能会成功，使得她和先生可以顺利退休。黛安不仅反思自己的未来，还反思整体社会的图景，而不仅仅是自己眼前的处境，这很罕见：“我个人，对自己的生活还算满意。我认为，我想从大环境来看，嗯，女性工作已经多少年了？但社会对于家庭的支持还是不够……我想这种个人主义式的美国生活非常艰难，是一种令人感到非常艰难的生活。我认为这就是我的重点。每个家庭似乎都在做徒劳无功的事？”接着她聊到一个办公室经理客户的故事，她生孩子后就回斯洛伐克了，因为“少了家庭支持，美国梦就变样了”。

管理顾问现为家庭主妇

重返职场并不在伊丽莎白近期的规划。由于家里有三个小孩，先生还是个忙碌的 CEO，眼前的事显然让她喘不过气来。值得注意的是，她觉得自己无法回到原本那份工作，而且也还没找到另一条回归职场的路。采访时，她充满焦虑——她经常使用这个词，而且还不时提到有些事情未达到她完美主义的标准。谈到儿子，她说：“帮他对我来说也是一个很大的挑战，但有时也会带来焦虑。我总是七上八下，嗯，不是非常焦虑那种，但我对孩子感到忧心忡忡。我有时候很担心，因为我希望一切都能顺利进行，希望每个人都是完美的，当然，生活并不总是如人所愿。”

伊丽莎白和凯特一样，期望工作有弹性以及有着跟资历和经验相称的职位。但不同的是，她已经离开职场一段时间，缺乏自信，也不用为了钱去工作。在特权矛盾的典型例子中，她的焦虑以及一直无法确定职业方向，呼应我们在未曾重返职场的女性身上听到的故事。假如我们要打赌的话，伊丽莎白未来很可能会追随她们的脚步，更加投入志愿工作，如今她已经在当志愿者了，而且感到心满意足。

编辑现为教师

由于一直没有自己的班级可教，五十九岁的楠设想再做五六年的教师助理。随着越来越年长，自己教一个班的希望是越来越渺茫。“坦白说，时间越长，就越不可能有自己的班级。我的意思是，他们为什么要花时间来培养我？”虽然她考虑七十岁才退休，但也不愿意想得太远，也许是受到自己的教学经验影响：“人活到五十九岁学会一件事，我不会把计划放得太远。嗯，我就只是尽力做好眼前的事。而且，这并不是说我不关注（停了一下）那些事，我做了计划，但不是……不是固定的计划。嗯，我认为那样做很愚蠢。”

她对未来的想法转向三个女儿。“当她们在为自己的（讲话停顿一下）选择奋斗，而她们也渴望去追求时——男朋友、职业——我当然鼓励她们为自己打造一个成功、有趣的职业生涯。最重要的是有兴趣，但她们也必须能够养活自己。”谈到自己的大女儿，她大学刚毕业，楠再次说到计划没用。“她还很年轻，嗯。我真的认为（停下来）把你的目光集中在某件事上的价值有限，因为很多事情你都无法真正控制。不论是经济还是生孩子。嗯，我的意思是有很多因素，太多变数你真的无法控制。我真的不鼓励她们（大女儿和另外两个女儿）制订五年计划。”尽管如此，她确实有个建议。“我想，如果我……要给孩子建议——要看她们在孩子出生时从事什么工作——如果她们（对是否兼职）犹豫不决，我会说：‘你应该试试看。如果你能继续兼职，我认为这对一个女人来说非常明智。’”对此，她很快就又补了一句警告（出于个人经验）：“这未必可行。”

由于家里还有一个就读中学的老幺，楠似乎有可能继续教书直到退休。尽管对自己教书生涯的发展有些不满，但她已经可以坦然面对自己的失望了。

交易员现为非营利组织主管

梅格陶醉于新的职业生涯，她很高兴自己能够从志愿工作转换到她所热爱的工作，而且也觉得“不同的能力”（来自她先前任职的营利企业），让自己在里头显得“与众不同”。她觉得收入减少换来的生活“非常值得”，尽管梅格也和其他人说的一样，在意是否能够增加家庭收入，并且分摊先生的担忧。谈到先生对于她重返工作岗位的反应：

他知道我只有全力以赴才会最开心。坦白说，他也感到……我想一般男人都是这样……我觉得他也感受到很大的压力，不管你赚多少钱，除非赚的钱多到可以拿去信托。我认为他难免会担心和焦虑："要赚多少才可以呢？"当他知道在这个过程中有个帮手，他就可以减轻压力。我的意思并不是我靠这份工作赚了很多钱，但我赚的钱足以负担一大部分的大学学费。所以这……加强了我们的伙伴关系，因为他觉得这不全是他的事。

五十一岁的时候，她预想了一下自己退休的生活："当我六十五岁左右。我先生很可能会少接点客户，而我也可能在那个时候辞职，回去当志愿者……种些花花草草并不是我想做的事，我必须在还有能力的时候做点义工。我没办法整天待在家里无所事事，那会疯掉。"

由她过去的记录来看，梅格似乎很有可能继续走上她想好的道路。她最后回想起她最初说的话："我想你们会从受访的女性那儿听到这句话。"她说："我认为如果你在离开职场时对自己的能力有一定的信心，了解自己的能耐，那么你就能找到一条利用它们的道路。"不幸的是，我们并未从所有受访者那里听到这句话；事实上，梅格是少数几个充满自信且清楚未来的人。大多数女性最终经历的是考验她们能否坚持的一条路——也考验了她们的特权，这为一些人开启了一扇大门，但也关闭了一些人的大门。

科学家

丹妮丝是唯一能够回到原本职场继续工作的女性，她很享受走回老路，因为她现在已经得到并把握住担任主管的机会。她非常清楚自己能离开一段时间的特权："照顾自己的小孩，这是一种特权！我们不用去做学生妈妈在做的事。她们做三份工作，白天打扫房子，晚上还要处理公事，真的是感谢老天啊！"

回想自己的选择，以及她给其他女性的建议，丹妮丝说出一个共同的限制，重返职场的女性相当依赖自力更生、随机应变、边做边说。

我经常这样建议。我认为一切都取决于实际情况。我认为如果你有一个弹性的工作环境，工作适合你，你也喜欢，那就太好了，努力去尝试吧。因为能够两者兼顾非常棒。但我的感觉是你必须取舍。既要做公司首席执行官，又要当孩子的母亲，还要维持婚姻，同时交朋友，这实在非常困难。你不可能什么都兼顾。因此，你必须真正弄清楚什么行得通，并用你的最佳判断，无论如何决定，只要满足就好了。对于留在工作岗位上的人来说，一般来说效果不错。对于待在家里的人来说，这也很好。但我认为你真的必须做大量的心灵探索。

丹妮丝重返职场值得关注，因为她承担起养家糊口的重任，目的是想减轻先生的负担，她丈夫在打了二十年企业官司后，“真的累了”。正如我们从其他女性那里听到的，丹妮丝支持先生的动机夹杂着关心、公平和感激之情。当她说到先生刚获得的日常生活时，流露出满足感；在房子外面工作，“事情很杂，也很零碎”，让他去追求各种爱好。她说先生很“开心”，而她显然也很开心，因为她能帮助他实现新的生活，这种安排似乎会持续到两人退休。

似曾相识

当我们访谈并翻阅记录时，经常会有一种似曾相识的感觉，而且还伴随着“改变的事情越来越多，不变的也越来越多”（*plus ça change, plus c'est la même chose*）的感受。当我们第一次访问时，那些高成就却从没想过自己的人生会有一段时间留在家里的人，正不安地把自己塞进“意外的家庭主妇”这个角色里（而且这个角色造成她们的地位下滑）。接下来几年直到我们再度访问，她们大致接受家务劳动这种特权形式是专属于她们的阶层，尤其是这样做具有维持地位的功能，其重要性在于她们准备让自己的孩子长大之后的成就与她们相当。虽然在我们的第一份研究与第二份研究之间，发生了 2008 年的经济大衰退，但这些女性与她们的家人都占据了安全的利基点，大多数（但不是全部）并未受到经济衰退的影响。少数人靠着她们过去的专业经验，扛起了家计，避免家庭财富急剧下降。

女性很有技巧地引导孩子穿过中上阶层的家庭丛林，同时静静地保有重返工作岗位的希望，尽管很少人是被迫为了钱而如此。她们回到工作的路上经过两个不同的阶段：首先，孩子比较小的时候是家庭优先阶段，其中的特色是充满惊奇与被动——是工作找上她们；然后就是重启阶段，孩子这个时候比较大了，此时有着策略上的能动性与主动性——是她们找上工作。

这次的追踪研究使我们进一步确定并厘清最初提出的许多主题和萌芽的新趋势。即使是过着看似传统的家庭主妇生活，女性仍保有她们的职业身份认同并渴望实现这些身份。尤其重要的是，我们在第一次访谈时就看到一些迹象，表明了这些女性虽然那时还未回到职场，却已远离她们过去的职业生涯了，她们感觉被那份工作挡在门外，而且那些工作的工时要求还是很高。我们还看到根据她们在家的经验，她们对女性为主的照顾工作越来越有兴趣。这对我们大多数的受访女性来说，是一种彻底的转变。我们当时纳闷，这是一种带有浪漫情怀的撩动还是一场交易呢？ 她们会试着回到职场吗？她们回得来吗？现在答案已经很清楚了——她们可以，她们也做到了，这曾是真正的交易，在她们的一生造成重新隔离和边缘化的形态。

女性重新进入工作领域的过程似曾相识，因为对于弹性和兼职的需求是她们当初中断职业生涯的关键原因，即使在孩子长大后，仍然是她们最重要的考量因素。较少被提及但也是我们最初就观察到的是，她们默默地顺从丈夫，而丈夫工作的重要性，还有丈夫不用顾及家庭责任这点，只会随着时间有增无减。女性默默追求再就业之路，无论是转换跑道还是兼职，都会小心翼翼地围绕着先生的事业，不会和先生竞争。

我们看到女性如何利用她们的家务特权来准备和追求最有意义的道路、寻求自我实现，并且对社会有所贡献，而不是追求报酬。许多人现在的工作收入远低于她们退出职场前的工作收入，不少人是重新开始。第二次行动，无论呈现多少相对客观的损失（薪水和职位），大多数情况下都是成功且令人满意的。这代表了艰苦曲折且必经的中年职业重塑过程告一段落了，而之所以有这些过程是因为她们过去的公司和职场的工作性质不变，仍然对家庭有敌意，她们不能（也不想）再回到那里。

新见解

基于长期的观察，这次的新研究有几个重点延伸了过去的结论。新的研究斩钉截铁地指出，选择退出的女性希望重返职场，尽管她们经常需要花比一开始预期还长的时间来充分行动，并且实现她们的意图。虽然我们先前的研究发现，女性不容易重新就业，最终选到的工作也远远低于她们的条件，但我们发现了更多正面的结果，而且也因为我们采取追踪的研究方法，因而揭示重新就业的过程有两个不同的阶段。第一阶段女性确实在低于其条件的工作岗位上工作，但最终证明这是暂时、过渡性的阶段，她们从这个阶段反弹，过去横断面的研究忽略了这个反弹。即使她们反弹了，但大多数情况下，女性从未完全达到过去的高峰。然而，深入挖掘她们的决策后，我们的研究进一步表明，这种表面上的损失是无数个小选择带来的最终长期结果——这是她们在家务特权的约束和各种情况下所做出的选择。女性选择转换跑道或转向自由工作者的模式，把过去的专业领域和雇主抛在脑后——她们的特权要求她们也允许她们辞职与暂停工作。有一点很清楚：女性并非恢复她们的职业，她们重新开始并重构她们的职业。她们能够成功重返工作岗位——克服履历上的空白——或许在很大程度上不仅来自她们享有的优势，也在于她们愿意重新开始并彻底重塑职业生涯。

我们的研究不但使我们能够仔细剖析重新进入职场和重启职业生涯的复杂过程，而且由于定性、深度访谈设计的优点，还能呈现女性做决定时面临的各种复杂考量和无数压力，这是调查研究所捕捉不到的。值得注意的是，我们记录了家庭如何在孩子入学后甚至在空巢期之后继续扮演影响女性工作的主要角色。而我们的研究结果也清楚表明，对于像我们研究的这些女性来说，丈夫工作对她们的影响，时常遭到忽视。先生那份薪水超优渥的长工时工作，给女性最初决定辞职带来压力，同时也继续影响并限制女性重新就业的选择，造成女性决定选择女性主导和临时的工作。我们研究的覆盖面使人们注意到女性决策的许多脉络——家庭／家户和工作场所、阶级和性别——清楚表明工作和家庭系统之间相互强化的本质。

特权的矛盾

这些被敦促“向前一步”的女性正向后一步。她们站在特权矛盾的十字路口上，她们的生命过程受到各种压力与横流的冲击，这在我们后续追踪所提供的长期观点中看得更加清楚。受过高等教育的人在性别意识形态上最为平等，却有着最传统的家庭结构。[1] 阶级使中上专业阶级的男性在事业上享有特权，也使他们不用受制于和事业无关的家庭责任；事实上，他们主要的家庭责任**在于**他们的事业和养家。男人不需要做这一切，但在一个性别平等主义抬头或至少是新生的年代，女人却得如此。这使各种背景女性的处境都变得艰难，但高成就的职业女性却面临着她们所在阶级特有的压力。正如我们所见，这些压力特别不利于她们一直往事业高峰攀爬，而且特别有害，因为这些职业需要不断追求才能成功。对于这些职业女性来说，抽出时间离开职场、当母亲，以及为家庭调适所带来的职业惩罚，要比从事其他工作的女性高上许多。虽然我们并不要求你为那些过着看似富裕且满足生活的女性感到遗憾——她们肯定也不希望你如此——但重要的是理解高成就的女性在试图兼顾事业和家庭时，面临了什么样的矛盾结构及文化压力，这种关系构成了我们所说的“特权矛盾”，并部分解释了为什么像这样的女性很少能达到职业顶峰。

我们对“特权矛盾”定义如下：高成就女性基于性别利益追求的职业成就、性别平等主义和经济独立，抵触她们作为照顾者和地位保持者这两种家庭角色的阶级利益。换句话说，那些在精英职业中最有能力获得成功和领导地位的女性，部分是由于她们的阶级优势，不过一旦成为母亲，这种特权就会遭到削弱。这种矛盾在各个关键时刻以多种方式表现出来。这或许不是一个矛盾，而是一系列在她们生命过程和工作及家庭之间相互联系和强化的矛盾。以下简单列出我们在高成就女性身上看到的十条矛盾。

矛盾 1：和职业相当的人结婚带来不平等的职业。

矛盾 2：平等的人结婚带来不平等的婚姻。

矛盾 3：高度投入事业的女性被评为不够投入。

矛盾 4：高职位聘用的女性很容易就被放走。

矛盾 5：进入职业的门槛很高而退出职业的门槛很低。

矛盾 6：好工作并不像表面看来那么好。

矛盾 7：精英雇主、“最佳工作场所”是充满敌意的工作场所。

矛盾 8：职业女性有弹性，但只要一运用弹性就会引来惩罚。

矛盾 9：女性离开她们涌入的男性领域而前往她们过去回避的女性领域。

矛盾 10：女性的经济特权使她们可以自由追求将她们推向经济边缘的照顾工作（有偿和无偿）。

更广泛地说，我们看见阶级利益是如何不断地与性别利益抗衡，面对工作与家庭这种难以兼顾的双重束缚（这两方面都加速成长），女性退出职场成了务实的做法。在工作方面，精英工作中越来越多的超时工作代表了理想员工规范的强化，独厚男性而不利于母亲。高薪工作中对于理想员工规范的强化（尤其是更长的工时），也强化了母性之墙（母职歧视），使得选择退出职场成为高薪男性另一半在经济上的理性选择。男女薪酬持续存在的差距以及对于密集母职的性别化期待，意味着妻子几乎总是“为了家庭好”而把自己的事业摆在一旁。选择退出职场是边缘化工作最极端的形式，但我们在各种所谓的“新传统”工作家庭形态中，也能看到这种情况，例如，让妻子委身于要求较低的工作或兼职工作。

在家庭方面，越来越不稳定的经济环境引发中上阶层越来越严重的地位焦虑，随之而来的是强化育儿的理想和做法。这些女性生活在充满竞争压力的富人区，在此人们对于母职的要求不断提高，也给这些女性带来压力，要求她们成为或体现出完全留在家里，随时有空的“理想母亲”。讽刺的是，毫无证据表明家庭主妇的努力使她们的孩子比职业女性的孩子更有优势，即使是在这个特权群体当中。事实上，如果要论及两者的差异，证据显示更有利于职业女性，她们的女儿——尤其是母亲受雇于高技能专业领域的女儿——更有可能在工作中取得成功，而她们的儿子更有可能会帮忙做家务。两个群体成年后的幸福程度并没有太大差异：职业女性的孩子与家庭主妇的孩子一样幸福。[2] 尽管如此，对那些脱离事业的女性来说，她们孩子的结果仍有待观察，孩子成功是她们的目标。母职成为她们的新职业，她们体现的母职回归形式，延续了文化潮流（cultural currency）。她们对这一理想的体现超越了她们的阶级，于雇主之间延续了对母亲的刻板印象，并创造了对所有母亲都难以达到的期望，而对大多数母亲来说根本不可能，因为她们缺乏资源—— 时间和金钱——来效仿这些女性。

最初，职业女性用来应对欠缺弹性的工作，以及先生老是不在家且不断加班的短期策略而非长远打算是选择退出职场，但这带来的吊诡后果，就是强化女性维持家庭阶级特权的作用，同时加强她们在家庭和工作场所的性别从属地位。一旦女性脱离了有偿工作，家庭对于她们作为阶级地位维持者的依赖就会增加，一方面可以助先生的职业生涯一臂之力（以及因他们长时间工作而提升的赚钱能力），同时增加她们孩子的社会资本。女性担任高阶志愿者（例如在当地社区组织的董事会任职），也有保持地位的作用，并能提高她们在社区的社会影响力和家庭声望，同时也部分补偿她们职业生涯的边缘化。由于先生有赚钱的能力，女性担任地位维持者的角色被认为比她们去赚钱对家庭更有价值。而身为传递家庭价值观、文化资本和社会资本的她们，也被认为无法取代。

选择退出职场之后，这群女性的阶级地位也使得家务特权成为可能——没有繁重的家务劳动，而是在母职和社区参与之中感觉到充满意义及愉快。家务特权的吸引力进一步延长她们暂停工作的时间，改变她们对工作的偏好以及对工作的价值观。嫁给事业超级有成的男性，也会削弱她们工作的理由与动机，并削弱她们过去高薪工作的正当性，同时也让她们可以自由地在女性主导的领域和／或非营利部门，找到有意义（尽管低薪）

的工作。

家务特权所带来的回馈和乐趣诱惑着女性，即使这使她们在父权体制的议价中成为附属品。这就形成了循环，选择退出职场强化了工作僵化、性别歧视的结构，也强化了女性在家庭中的性别从属地位，同时也加强了精英间的男性特权。女性不仅成为地位的维持者，也成为父权体制的维护者。我们研究发现之中最大的讽刺是，女性培养她们的女儿（儿子也是一样，只是不那么直接）重蹈她们经历的高成就和职业从属关系的覆辙。虽然她们支持平等，鼓励女儿拥有企图心与追求成就，但她们却打磨出截然不同的行为模式，使得选择退出职场和特权的矛盾在下一代延续。

由于身上的富裕和特权，这些女性也面临着所属阶级独有的压力。比起其他阶级的女性（资源较少且在工作与家庭间两头烧），这些女性的压力并没有比较大，她们要处理与克服的日常琐事也没有更艰难。然而，“拥有一切”的女性所受到的限制和压力其实不为人知，不仅是外界草率地认定她们是可怜的小富婆才面对的有钱人问题，甚至是高成就的女性也是如此。她们把自己的决策掩盖在自我选择与自由裁量的话语中，并委婉地说那是自我再造。女性刻意模糊了自己面临的障碍、她们过往职业中被扼杀的晋升及领导机会，以及重返职场的艰难。当我们第一次与她们交谈，她们对自己的职业生涯被切断感到愤慨，但现在却是为了符合阶级利益（而非性别利益）变成了接受和迁就。一方面，由于过去工作的情势所迫，以及家务特权的诱人回报，女性的迁就因此看似合理。但另一方面，在另一个特权矛盾的例子中，她们并未看到这重新制造了她们自己所反对的情景——职场由男老板及男同事主导，留在家里的太太撑起对她们还有大部分职业女性不利的工作条件。

被迫选择还是有特权的选择？

尽管按照传统的标准，女性回归照顾家人的工作并不那么赚钱，也不属于精英工作，但女性从中获得的意义和满足，经常更胜于以往的工作。女性以这种方式重塑自己，我们可以把她们另类诠释为因为经济上的特权使她们可以这么做，所以她们得到解放而不仅仅受到限制吗？毕竟，经济没那么宽裕的女性（也许还有许多男性）可能会羡慕这群女性不受限制地享受家庭的充足时光。选择退出职场的女性，由于家境富裕，所以能让她们从工作中释放出来，那些工作毫无人性地要她们奉献时间，只在意盈亏，而且经常是一种厌恶女性的环境。反之，家务特权使女性有时间和资源重新投入有社会意义和令人愉快的工作之中，并且提供她们与家庭及社区更深入联结的空间——这是大多数劳工，包括男性，希望的工作品质。事实上，在我们后续的访谈中，我们听到许多女性描述自己的丈夫“疲惫不堪”，渴望摆脱无情的公司之轮，以便提前退休，或者像她们一样，在“奉献”的职业中追求“第二人生”。换句话说，女性面对自身职业生涯的改变竟然会有如此正面的积极态度，可能代表了两方面的默许，其一是身为母亲几乎不可能符合男性职业霸权的——一种被迫的选择——同时她们也欣喜或至少感激自己能拒绝工作——一种特权的选择。[3]

然而，目前为止已经再清楚不过了，这对女性来说并非双赢。在另一个矛盾中，女性的特权已经把她们从对母职充满敌意且毫无底线要求的工作，换成有弹性与具备社会目的的工作；但同样的选择也使她们在经济上遭到边缘化，削弱了她们的社会及婚姻权力，并阻碍她们跻身精英行业的领袖之路。随之而来的问题是，这样的权衡不可避免吗？或者是否有公共与（或）私人的解决方式呢？使得女性和男性都能更好地调和人类认同的两个领域——爱及成就、家庭及工作？

重启计划

回到本书一开始的场景——资历和本书人物相同的一屋子女性，小心翼翼踏出她们重启职业生涯的第一步。这样的场景越来越普遍，我们目睹这一切在美国各地上演。职业重启现在是个新兴行业，目标锁定在这些女性所居住的富人区和她们毕业的名校。这些计划最初是因为认识到女性重返职场的需求，因此由“供给方”带动，现在则越来越多是由“需求方”推动，因为雇主在紧缩的劳动力市场上，试图利用这片未经开发的人才库，来让劳动力变得多样。为了进一步了解这些计划，我们采访了 iRelaunch 的创办人和首席执行官科恩（Carol Fishman Cohen），iRelaunch 是同性质方案的先驱，目前也还是业内的领导品牌，科恩还是重返职场工具书的作者。[4] 她自己也是顶着哈佛 MBA“选择退出职场的女性”。科恩嗅到了市场的商机，因此伸出触角支持像她一样试着重返职场的女性（与男性），也就是她口中“职业生涯中断的人”。以她身为行内先驱的角度来看，科恩认为这个问题在 2010 年前后来到“转折点”，当时因为有“一大批备受瞩目的文章和书籍”都越来越关注女性和工作的议题，而使得二度就业“风起云涌”。

iRelaunch 的目标受众是像创办人一样的女性，也就是我们研究的对象。她们受过高等教育，大约三分之二拥有硕士以上学历；她们有不少工作经验，“处于职业中段或为资深人士”，而且已经离开职场“一年至二十年以上”。借着跟专业协会和大学合作（大学认为 iRelaunch 的工作坊是对在家校友的一项重要服务），iRelaunch 所提供的方案，触及了我们研究中许多女性点明的需求。根据科恩的经验，同时也从我们的研究看出，重启职业生涯面临的最大挑战是“弄清楚你到底想做什么”，她说：“嗯，这是一切的动力。除非你完全清楚自己的职业目标为何，否则你就无法好好整合自己的说法和求职资料，无法让老板知道你如何为他增值。因此，我认为让他们经历一场彻底且适当的职业评估非常困难，但我认为这是整个过程中最重要的一环。”正如我们所见，这需要一段漫长且曲折的寻寻觅觅，有些女性可能没有那么多的摸索时间。她建议大家接受“不那么完美的工作”，“这可能只是她们的一个跳板”，并且不要“抗拒临时工作”，这“带你进门”，并“可能变成一份固定工作”。在我们的研究中，这两条建议都获得女性采纳。

科恩是实习生［在这个语境下，也可以称为“返职生”（returnships）］的鼓吹者，她在《哈佛商业评论》上发表了一篇极具影响力的文章，题为“四十岁的实习生”（The 40-Year-Old Intern），[5] 自2012年发表以来，此类专案明显增加，其中最早的是2008年。正如她在文章中的回忆，“一夕之间（在2013年至2014年），大都会人寿、瑞士信贷银行、摩根士丹利和摩根大通都推出各种方案。iRelaunch网站显示，现在有几十家公司提供自己的方案，像是强生公司的“重燃”（Re-Ignite, Johnson & Johnson）和通用汽车的“挑战第二份工作”（Take Two, General Motors）。iRelaunch一开始集中于办理一天的工作坊和各种培训课程来支援女性（他们绝大多数的客户），但自2014年以来，随着企业的利润不断提高，它也“成为（企业和再就业）专案的招募平台”。科恩建议公司“去寻找你的遗珠之憾，嗯，你的高绩效员工”。

不同公司之间的方案虽有差异，但基本特征大致雷同。提供少量的带薪实习机会，最终进入一个庞大且竞争激烈的池子。科恩说：“有几百个人申请，但他们只会挑选几个人，所以……标准很高。进入的门槛和离职时间的长短有关，有些最少是两年，有些则比较宽松，基本上不设离职时间长短。有些也需要业内的工作经验，实习期间愿意全职工作，基本上是十周到十二周。有些方案还有其他要求，像是大学平均成绩或是取得最新的资格证，但大致来说都有个最低标准，这会让重返职场的人打退堂鼓。”

根据科恩的说法，这些方案对老板与实习生来说都是一场“测试”，雇主明确表述，不保证实习生完成实习后就能工作。一般来说，正如事先的声明，成功获得工作的实习生，应该要能全职工作，尽管有些方案提供弹性的工作时间。在挑选合格候选人时，公司“不仅看他的条件，而且也看他是否做好了准备”——实际上是指承诺回到全职工作。

这些工作虽然前景被看好，但都是全新且高度专业的工作。科恩证实，到目前为止，方案有效性的评估并不多，无论是有多少女性把实习机会变成工作，还是从不太严格的标准来评判，例如方案在多大程度上提高了女性的职场准备。她指出了两点“重返职场对话中真正紧迫的问题”，这也是我们访谈中的首要及核心问题，“一个是兼职，另一个是年龄歧视”。她进一步说明兼职，十五到二十个小时的兼职并非再就业的可行方案，但科恩提醒，不要把兼职和面对面上班的时间混淆，并提供一个变通的解决方案，“如果到办公室面对面上班的时间是个问题，你可以做跟全职工作一样长的时间——显然有些工作每周要去上班四十个小时——那么你有时候必须在家工作或必须在非正常时间工作就更是问题”。她的确提到自己已看到老板在时间弹性方面（各种类型而不仅仅是兼职）有了些许的改变，只有少数老板会在“一开始的面试”而不是在“员工证明自己物有所值”的时候就跟未来的员工讨论这个问题。她正在研究“有弹性的再就业计划”，但她承认“这真的很难”。顺带一提，我们访问过的重返职场者，也呼应这一观点。例如，加州帕洛阿尔托的一家猎头公司试着将雇主与重返职场的女性联结起来，他认为：“在硅谷，弹性是个禁忌字眼。”兼职、减时工作仍然是绊脚石。科恩合作过的许多女性最初想做兼职，但后来意识到，“除非我改变态度，接受全职工作，否则事情就不会如我所愿”，“经历一路走来的一些小插曲之后，我觉得还不错”。

年龄歧视的问题也相当复杂。科恩发现，返回职场女性脑中的想法往往被夸大，其影响之大，以至于“使人们根本无法跨入重返职场的过程”（我们也观察到这一点）。根据科恩，对抗年龄歧视最重要的一点是“在你的领域里真正地、真正地跟上时代”。这可能意味着正式的文凭证书，但根据她的经验，更重要的是私底下要不断了解新知，对该领域新兴的问题保持敏锐度，让重返职场的人以“活力四射和热情洋溢的方式”来讨论事情，对抗年龄歧视的刻板印象。

重返职场的方案与支持不断增加，证明人们逐渐承认选择退出或职业中断是这些受赞赏且高成就女性的工作家庭策略。这些方案有可能是私人和家务特权策略重要的一环，只有像我们研究的这些女性才可以如此运用，而我们的研究也发现她们有这类需求。我们对这些方案的观察，虽然不是有系统的评估，但显示它们既提供了“软的”情感和职业支援，也提供了“硬”技术培养的支持，这些都是重返职场的女性所寻求的东西。它们在重返的女性及雇主之间扮演关键的媒合角色，以及一个庇护的空间。

虽然雇主对返回职场的女性表现出兴趣并且愿意接受她们——这是加分——但他们的实习方案也凸显出一些问题，并提出一项警告。第一，提供这些计划的公司，即所谓的“优秀雇主”，长年出现在“最佳公司”的名单上，它们争夺一流人才，其特色是工作时间很长，强调理想员工的文化。这些正是女性选择退出职场前上班的地方。第二，这些方案要求你表现出理想员工的承诺——女性显示出“准备好”并且愿意接受全职工作。这些公司似乎对自己的加班文化无动于衷，常常要求职场上的妈妈退出，从而让我们看到女性流离失所和再造职业生涯的过程启动，还有女性回到她们曾经离开且毫无改变的旧职场。然而，我们的结果显示，女性重新开启职业生涯时，会对回到这类公司有所顾忌，除非公司能够接受更弹性的工作方式并改变工作环境。

选择退出、选择重返与性别不平等

选择退出，或者说职业中断，启动了一场有如骨牌效应的连锁事件。女性因选择退出劳动力而受到惩罚，但当她们选择重新加入，却发现自己采取的策略也连带受到惩罚。虽然在高阶专业工作“全有或全无”的语境下，选择退出职场体现了中上阶层家庭的阶级特权，但它却使得女性的职业生涯走向边缘，迫使她们先退出职场，并且在接下来许多年大幅缩短其职业生涯。此外，这发生在职业生涯中期的关键时刻，同一时间她们或者至少是她们的男同事，正处于起飞的阶段。女性选择退出职场，长期来看有三种不同的结果，每一项都强化中上阶层家庭的性别不平等和整体的性别不平等：（1）永远不会回到劳动力市场；（2）重新选择完全不同的领域，这些领域比过去的工作更有弹性，但往往是女性占主导、工资较低的领域；（3）重拾过去的职业，但做的是薪水较低、较无保障且较不稳定的次要工作。

第一种结果中的许多人不曾完全回到有偿工作，她们经历严重的挫折，感觉自己的潜力并未完全发挥。其他两种女性认为自己为家庭做出的职业牺牲相当值得，她们把有里子和面子的工作，换成那些被认为有社会意义的工作。女性重返职场时把职业生涯转向低薪的照顾工作，可看作生命轨迹的职业再分隔（resegregation）过程，女性在初入职场时打破性别障碍，结束时却再度创造性别分隔、扩大而不是缩小性别鸿沟。女性在次级临时工市场上的边缘化，进一步延续性别劣势——使她们在经济上更加脆弱（例如，穿插性的就业和缺乏养老保障），并使她们被挤出原本要走的主管之路。因此，经过中断职场以及之后的职业转向，女性选择退出职场的两个阶段，也就是一开始决定退出以及最终决定选择重返，全都加剧这群前程似锦、潜力十足的女性所面对的性别不平等。

超越特权的矛盾

针对选择退出和重返的策略，即使是有特权的女性，也是在相对有限的选择范围内操作。她们努力打造个人的、私人的解决方式，尽管她们处于有利地位而可以这样做，但也要承担相应的成本和风险。她们对新职业的满意度和幸福感与她们所遭受的客观损失明显脱节，显现以私人方式解决公共问题的局限。受过高等教育的职业女性发现，为了极大化所处阶级的利益，她们不得不为家庭做出代价很高的权衡，但这却违背她们的性别利益，以及攸关性别平等的更大议题。在这场名副其实的“公地悲剧”（tragedy of the commons）中，群体中的个别成员为了寻求个人利益而伤害整个群体，高成就女性的解决方案对她们来说有效，但却伤害一般的职业母亲，因为她们延续了母亲工作不够尽心的刻板印象，并保留且强化理想员工的规范和做法，而这将不利于她们重返职场。我们应该认清，丈夫也受到当前工作和家庭结构以及随之而来的妻子选择退出职场现象所伤。由于太太实际上是被迫离开她们的事业，丈夫实际上也被迫离开家庭，扛起养家糊口的重担，留在办公室没完没了地工作（男性特权的惩罚或阴暗面）。

从更私人且更个人的角度来看，把选择退出和重返职场理解为女性相对不受约束的选择和偏好，其实忽略了整体图景，也就是精英职业的人力流失和人才流失。我们的研究显示这些女性之中有许多人才未能充分利用。我们需要打破高成就女性选择退出职场、职业生涯变得从属以及偏离轨道（derailment）这样不断上演的循环，寻找各种方法来充分利用这些人才，同时也使女性（和男性）能够实现他们同时兼顾（而不是依序照顾）事业和家庭的渴望。

此外，超越私人的解决方案有其必要，这样才能使肩负家庭责任的职业女性有更多自由决定自己的职业方向。有些女性仍然决定不回到以前的精英职业，大大方方地在慈善事业或照顾工作找到一片天，这种选择不应该是一种边缘性的选择。但是，如果有适当的支持，我们认为许多从事高阶工作的女性会选择维持她们原有的职业生涯；相比之下，只强调私人解决方案不会带来任何诱因。

更广泛地说，只关注个人层次的解释和解决方式，可能会模糊经济和社会力量等限制和影响个人决策的更大作用，例如工作步调加快和经济不稳定的持续压力。再往后退几步来看，选择退出职场也和婚姻模式的历史变化有关，我们看到社会顶层通婚（homogamy）的比例越来越高。[6]这些潜在的情况，尤其是涉及经济的部分，可能也应该要处理，虽然这需要很大的政治与政策上的改变（后面会讨论），但同时我们也需要更贴近于中间层次的政策，至少缓解女性选择退出职场的因素，扭转其中带来的最大伤害。

我们如何才能从中断、错误的开始和一再重来的职业生涯，支持像我们所研究的女性？我们要怎么做，才能在她们的工作生涯中促进连续性和流动性、留人与晋升，充分利用她们的才华和技能呢？我们要怎么做，才可以使她们的职业与丈夫的职业平起平坐，但同时又能让丈夫获得更大的家庭弹性和家庭参与呢？我们建议在政策上有三大努力方向。第一，针对工作时间创造一个对家庭和家长友善的工作场所。第二，消除以男性和女性为主的传统职业在薪水和地位方面的性别差异。第三，改变家庭的劳动分工，放下男性养家糊口／女性居家照顾的坚持。要解决这些问题需要各层级的政策。比方说，薪水平等和怀孕歧视等各种相关政策的经验表明，由各个层级——地方、州和联邦——提出政策的重要性，以削弱联邦强大的政治两极化。我们也需要改变政策来鼓励和促使私营企业做相关的努力，让这些一流公司，例如那些女性离开后不再重返的公司，在各自的行业中打造最佳做法。它们的最佳利益是开创与实施——以及示范——能留住最优秀女性人才的政策和做法，帮它们实现自己公开宣称的多样性，包括让更多的女性成为主管。

创造对家庭友善的工作场所：驾驭工作时间

在劳工这个类别，专业人员最能控制自己的工作。控制是弹性的关键特征，也是把工作和家庭生活完全成功结合起来的要件。[7]然而，抵消这一优势的是专业工作领域对高工时、面对面和全天候随时待命的要求，这是任何拥有自主权和控制权的工作者都无法克服的问题。除此之外，对弹性上班的异样眼光（污名），也削弱弹性上班的使用率和有效性。我们和其他人的研究都指出，极端的高工时和专业工作的特性，对于要兼顾工作和家庭的人来说，是无法消除的不利因素，这对公司的领导阶层尤为明显。越来越多的研究表明，极端的高工时对各种重要的结果都会带来伤害，比如生产力和健康。期待公司限制工作时间，这是女性选择退出职场最直接的原因，同时是重返职场者的一大考量。正如我们清楚看到的，男性过度工作造成女性的工作不足（反之亦然）。这种意外的结果早已显现，一流企业不能再忽视它们的工作结构制造了男性职业优势（尽管对男性来说是潜在的健康和家庭成本）和女性职业劣势，这种结构造成了男性留在职场和女性的反反复复。

公司位于前线，但它们减少或控制工作时间的长期变革，从记录上来看，充其量是好坏参半。快速浏览一大堆针对公司“灵活性”的研究和逸事，可以得到以下答案。实施面多广？相对有限。谁在使用？主要是专业职位的员工和女性（例外的是男性业务，他们工作的时间和地点都有弹性）。何种情况下使用？为了解决孩子（以及越来越多的老人）对母职或照顾的需求。能够有效满足员工的需求，并让员工同时满足自己和公司的需求吗？弹性工作的员工有比较高的工作满意度、绩效和公司忠诚度。公司吹嘘着弹性，却往往不能普遍或固定实施，使得它很容易因为经理的自由裁量权或经济景气动荡而打折，就像2008年经济衰退以及后续的结果所发生的那样。即使经济升温的时候，常见的嫌疑人——金融业、法律业、管理顾问——似乎又故态复萌。新兴行业也没有情况更好，高科技世界的极客兄弟（geek bro）文化只不过是复制美国其他企业的兄弟会（frat boy）文化（见面时穿着T恤而不是戴领带）。

民间公司的努力值得鼓励，但正如记录所示，不能依靠雇主来启动和持续实施弹性与减时上班。为什么呢？短期来说，这些努力对公司来说颇为耗费成本，除非所有雇主都采取同一套标准，否则他们很可能被（误）认为踩到了公司的底线。因此，公共政策的解决方式有其必要。其中一项最直接的解决方式就是让长时间工作变得很贵，要求老板支付加班费给专业人员和管理人员，使得《公平劳动标准法》（Fair Labor Standards Act）的加班规定扩大到长期被排除在外的那一群员工。随着工作时间越来越长，以及专业/管理人员的就业受到科技和去技术化的威胁，专业人员对按时工作的历史反感正在削弱，而吁求解决方案的呼声也正在增加。在其他国家，特别是在欧盟国家，管控工时已是根深蒂固的政策，他们规范弹性工时以及工作时间的上限。他们还制定了兼职平等法，防止各种明文规定对兼职工作的惩罚，例如从金钱显示其对弹性工时的污名。这些国家的工人有权要求一份兼职工作，而雇主想拒绝时则有责任提出可信的商业理由。不论是长时间上班还是欧洲人所说的非标准工时，在美国都是日益严重的问题（专业人士不像制造业及服务行业的工人那么常见），欧盟和其他国家提供了一系列经过测试的政策，可作为各级政府努力的范本。

终结职业内部和职业之间的性别歧视

工作上的性别歧视意味着，在其他条件相同的情况下，女性——即使资历与丈夫相当的高成就女性——也可能比丈夫的收入还低，而且前途更加暗淡。女性和男性之间的市场不平等转化为妻子和丈夫之间的职业不平等，我们看到这样的影响渐渐突出。如果要实现公平竞争，就必须解决传统的性别歧视以及各种类似的问题，像是对于母职的歧视。我们有反歧视法解决最明目张胆的情况，亦即女性做同样的工作却得到较少的报酬，或者虽然最符合条件却得不到晋升。这些法律需要积极执行，如同孕妇歧视法那样，它是我们慢慢解决母职歧视最接近的方法。

但是，现有的法律，即使充分执行，也只能解决性别收入差距的一小部分，其中更大的原因是职业分隔——男性和女性所做的工作类型相差甚远，以女性为主的职业工资较低，主要是因为女性从事这些工作，而且是一大群人，进一步拉低工资。[8]增加女性工作的收入，反映工作对她们的要求及责任，并且消除性别组成压抑薪水的效果，需要采取不同的方法：为女性主导的工作提供与男性主导的工作相当（不是相同或相等）的薪水。这项政策被称为薪酬公平（pay equity）或可比价值（comparable worth），我们在州政府和地方一级已经看到了有限度的实施，但为了充分发挥作用，必须在联邦一级单位颁布实施。

此一政策特别适合于挽救所谓的女性“半”或“准”职业上的报酬不足，以教师为例，这份职业需要不低的文凭，但报酬却相对可怜。[9]这些职业雇用着许多顶着一流学历的女性，正如我们所见，这些工作对于重返职场的女性特别有吸引力，然而其中大多数女性从学校进入职场和一开始制定职业目标时，压根儿没考虑过这些职业。我们在此看到系统性贬低“女性”职业的另一种方式：它使这些职业配不上那些雄心勃勃、高成就的中上阶层女性，她们准备（接下来也准备让自己的女儿）从事男性工作带来的“更大好处”。这种人为的、系统性且有歧视性的贬低，掩盖了以下事实，亦即传统上女性为主的职业所包含的照顾工作，本质上具有的价值（事实上对经济的运作至关重要）和意义（对许多人来说比她们过去的职业更有意义）。它迫使女性不得不在报酬和其他理想的工作品质［经济学家称之为“补偿性差异”（compensating differentials）］之间做出错误的交易，这是我们看到她们做的事。如果女性的工作得到公平补偿，职业的性别再分隔就不一定是个问题，而解决的方式也不会是让女性留在传统的男性工作中卖命。适度重视女性的工作，不仅可以提高和启动女性更多的选择，也可以吸引男性进入这些领域。如同让更多的女性进入男性领域的传统策略，把男性整合到传统的女性领域，也大大推了性别平等一把。

鼓励男性共同养育子女

不论对男性还是女性，生儿育女都标志着人们在工作和家庭有了重要转变，而在这样的时刻，我们看到阶级和性别的差异浮现，伴随母职而来的父母身份认同跨越所有阶层，但是男性养家糊口的优势在富裕的中上阶级最为明显，这使得性别和照顾工作的脱钩特别不容易。正如证据表明，女性从事母职的惩罚特别大，证据同样表明，男性从事父职工作的惩罚也是如此。从事专业工作的男性几乎是唯一可以享受带薪或不带薪育儿假的上班族，他们因休育儿假而受到惩罚，而且一如众人所料，他们对休育儿假犹豫不定，或者只休了一小部分可用的假期。除减少工作天数之外，男性使用育儿假似乎还违反了深植于男性气概上的理想工人规范。质疑他们够不够具有男子气概，也等于质疑他们的工作能力和对工作的承诺。克服这种对弹性工作的异样眼光，正是我们需要公共政策而不是私人解决方案的另一个原因。

如同制定政策来解决市场的不平等问题是一件充满挑战的事，结束（或开始消除）家庭照顾工作的性别不平等，也一样具有挑战性，甚至有过之而无不及。正如我们需要在劳动力市场上更重视有偿的照顾工作一样，我们也需要更重视并支持家庭之中的无偿照顾工作。更大的目标是设计一套崭新的照顾基础设施，既承认照顾工作是一种公共利益（public good），也呼吁男性多多分担自己的照顾责任，或真正地共同养育子女。同样，我们可以从其他国家找到范例和先例。例如，他们的经验表明，如果是带薪休假，男性休假的意愿会比较高，那可以抵消他们高薪的一时损失；不带薪休假，如美国通过的《家庭和医疗休假法》（Family and Medical Leave Act）所实施的休假，有利于女性休假，并且强化传统的家庭劳动分工和女性在市场上的从属地位。为了避免这种情况，瑞典提供了一个如何诱导男性带薪休假的例子。通过普遍的社会保险体系，瑞典人为同一家庭中的母亲和父亲分配了单独的、不可转让的带薪休假，从而让父亲有诱因使用带薪休假，父亲不用就没了。即使是像瑞典这样一个进步的国家，也对该政策的成功感到惊奇。不仅男性休假的人数多上很多，而且这样做的经验对男性履行父亲照顾工作的文化态度产生长期影响——

使他们的照顾变为常态。[10] 在瑞典的文化态度大为改变之后，有证据指出，不愿意充分利用育儿假的瑞典父亲，正是觉得这样做会受异样眼光伤害的人。

加拿大魁北克省的一项类似“不用就没有”（use or lose it）的陪产假计划，不论是对父亲接受产假，还是让父亲分担照顾的责任，都大为成功。最近请带薪陪产假的父亲，比例从 2005 年的 28%［就在“父亲额度”（daddy quota）实施前］飙升到 2015 年的 86%。更令人吃惊的是，研究表明到 2010 年为止，比起加拿大其他地区的男性，魁北克男性休过育儿假且重返工作岗位之后，花在家务和照顾孩子的时间多了 23%。同一研究发现，随着父亲增加在家的时间，母亲花在家里的时间也减少了，而工作的时间则增加了。同样，冰岛的父亲额度也带来显著的进步。冰岛有 90% 父亲选择使用而不是放弃专属的陪产假，根据一项研究，自法律通过以来，已婚且同住夫妻平均分担育儿的比例大约增加了一倍。显然，有策略地使用公共政策，可以对家庭内部的性别动态产生重大而持久的影响，包括让父亲参与孩子的养育。[11]

体制变革

显然，以上提出的变革方案有赖于美国社会的走向彻底改变——远离日益不平等且仍由男性主导的经济。唯有社会将更人性且更平等视为优先事项，那么给予上班的父母更多时间、让男女工作的价值与薪水相当、鼓励男性完成一起养育子女的责任等相关政策才有实现的一天。如果没有强而有力的政治来挑战更大的现状，那么广泛的进步政策，包括我们所提出的政策，就不可能实行。总而言之，美国的社会体制（和权力平衡）需要明显转变。我们所知的资本主义（也被称为“新自由主义”）和父权制的普遍形式必须改变。

这种体制变革不仅需要实现我们所鼓吹的具体政策，也必须创造一种经济和文化环境，帮助高成就的母亲在职业生涯大放异彩、不受干扰或偏离轨道。减少目前压迫大多数美国人的经济不平等和不安全感，缓解中上阶层家庭的经济和阶级焦虑。这将减少母亲，就像我们的研究对象，从事极端（可以称之为“保护性”）育儿工作的压力，从而帮助她们留在自己的事业当中。创造一种性别更加平等的社会，让照顾工作被视为公共利益——使得其他工作有可能实现——让照顾工作获得适当的重视、奖励，并由男性和整个社会平均分摊，这也是解决特权矛盾的一项重要目标。[12] 这种转变将促进市场工作和家庭生活的结构性变化（例如，减少上班的周数、创造好的兼职工作、共同养育子女），让高成就的女性和精英职业的男性同事之间有公平的竞争环境。同时，这样的变化将减轻男性负担家计的重责大任，让他们可以自由地参与且进一步享受家庭与社区生活带来的满足感。

这样的体制变革，也会帮助那些仍然选择放弃过往职业生涯的女性。一个更加平等的经济体系，借着更强大的劳动法律和法规，解决每一个临时工所面对的关键问题（如没有福利以及缺乏工作的连续性和安全性的问题），包括以接案身份重返过往职业的女性。同时，更加人性化和性别中立的社会，将奖赏那些选择把自己的职业生涯调整到照顾专业的女性（和男性），而非让他们在社会和经济上被边缘化。

值得注意的是，上述的体制变革不仅会使我们研究的女性受益，也会让许多没有特权的女性得到好处。显然，一个更公平、以照顾为导向的经济，将为绝大多数女性和她们的家庭带来更好的工作和家庭生活，因为在过去几十年里，她们普遍遭受越来越大的经济压力和焦虑，而且她们控制工作对家庭生活侵扰的能力也被削弱。在此变革中，有特权的女性和无特权的女性之间的利益重合，有助于为可行且必要的政治变迁奠定基础。

有些读者可能会质疑这种渐进式的变革是否可行、是否实际。很重要的是，我们再次注意到，这或多或少已经在其他福利体制比美国更强大、社会结构更平等的资本主义社会发生了。正如前面所言，变化最大的是北欧国家。虽然美国似乎本质上就不可能朝这个方向转变，但在过去的进步时代、新政（the New Deal）和

1960 年代的大社会时期（Great Society），这种情况确实一再发生，当时就颁布实施了一系列被认为无法实现的社会民主政策。这些变化因持续的社会压力而实现，没有绝对理由认为这不会再次发生。

我也是？[①]

正如本书导论所言，虽然选择退出职场的问题明显属于拥有特权的女性，但也可以看作所有女性共有问题的体现。无论是长时间的工作（职业女性），还是不可预测的行程，以及缺乏带薪育儿假和病假（低收入和中等收入女性），不弹性的职场使得所有女性在经济上遭到边缘化，并迫使每一位母亲缩减她们的工作、薪水，并降低对晋升前景的期望。这些共同问题的交汇可能是让女性集结起来要求变革的一大契机。

但是，本书强调的高成就女性又是如何呢？她们会成为促发改变的人？还是现状的守护者？ 在追踪访谈前，我们比较乐观，因为调查发现，女性在接下来的十个年头主要是通过有利于自己和同一类人的志愿工作，来确保自己的阶级优势。她们并不是把失去工作的感受

---

① 作者这里借用的是近年女性反性骚扰的 #MeToo 运动一词。——译者注

和怨恨用来打造一个对家庭和母亲更友好的职场，而是用于实现她们的梦想和对子女的期望，又或者是用于重新想象和重塑自己。这些女性为中上阶级与专业阶级女性提供了事业和家庭两头烧的解决方案—— 但这些解决方案包括改变自己，而不是改变造成她们困境的制度和体制。这类女性能不能冲出她们的金丝笼（gilded cage）创造我们所呼吁的那种更根本的变革呢？若要这样做，她们需要放下种族和经济优势的诱惑——这无疑是维持她们成为父权体制共犯的强大诱因——转而和各种肤色及不同阶级的女性联合起来，挑战耽误所有女性的这种不公正的工作和家庭结构。

现在可能是想象这种情况发生的历史时刻。不仅仅因为性别歧视在公共意识之间兴起、女性主义在年轻女性之间复兴，#MeToo 运动也提供了变革的新做法。[13] 最初由黑人女性塔拉娜·伯克（Tarana Burke）所发起，支持低收入性侵受害者的草根运动，现在扩展到职场的性骚扰和平等权利。[14] 不过它未必会跳跃一大步，扩展到工作与家庭之中的职场弹性与性别平等。

#MeToo 之所以如此引人注目与充满希望，乃是因为在经典的女权主义公式之中，它将个人分享的亲密证词与政治结合，通过社交媒体联系及动员不同背景的女性。#MeToo 大声点出过去被认为是逆来顺受、理所当然的行为，这些行为过去隐藏在众目睽睽之下，人们的冷眼旁观以及共同沉默，让这些行为变得正常。同样，

过去被视为常态的极端工时和加班等精英工作本质，正受到挑战。这一切逐渐被认为是驱动性别不平等的关键因素，而这对于所有工人来说，都不人性化且不健康。性别角色以及性别本身，正被重新想象为更流动与较不具决定性的理由。

当我们点出和剖析特权的矛盾之后，也希望能激发另一个 #MeToo 时刻。矛盾将两种看似不相容、抵触但又共存的状态并排在一块。这种并排使我们以新的方式看待事物，不一致突出了被视为理所当然的现状以及现状无法运作的困境：像是招聘高成就的女性来从事家庭与工作只能二选一的工作，或迫使她们不断地重新创造新的工作方式，造成她们的技能和才华无法充分发挥。1989 年，贝特森（Mary Catherine Bateson）写了《拼凑生活》（*Composing a Life*）这本跨时代之作，谈及“女性获得成功时面对的个人和职业障碍”，书里显示当时的女性（她们大多在 1960 年代和 1970 年代成年并开始职业生涯）不得不把“生活过得像一种即兴的艺术形式”。[15] 而到了今天，情况并没有太多改变，这些女性的女儿与孙女依然在即兴创作。而且，我们的政策建议熟悉到令人沮丧——呼应了学者和行动主义者在过去二十年来不断提出却仍未实现的建议。

但是，目前我们有了满心期待的理由。撰写这个篇章时，我们正处于对女性来说更大的政治变革时刻，我们见证了特朗普当选后女权主义者的愤怒和行动主义的真正复兴，以及随后在2018年的选举中，女性（特别是有色人种女性）竞选与胜选的人数激增。我们所研究的女性在这波政治变革中站在哪个位置？当更大的趋势超过制度，或新兴趋势相互碰撞时，社会变革就会发生。特权的矛盾告诉我们，我们正处在这样的时刻。现在是有特权的女性注意召唤的时候了。《纽约时报》的一篇文章让我们同时看到了希望和绝望。[16]绝望是因为一起疑似歧视怀孕的案例——当雇主得知他们录取的博物馆策展员是名孕妇时，取消了她的录取资格。希望则是因为这位女性受到#MeToo运动的启发而提出诉讼，利用她的特权来帮助自己与其他女性。“我很幸运自己受到眷顾，我是一个中产阶级的白人女性。我的先生有一份好的工作，如果发生最糟的情况，他能够支持我。我想如果我都不敢说出来，谁会说出来呢？”我们的希望在于这份研究使得跟我们研究对象一样的女性，包括那些尚未选择退出职场的女性，带来一个相同的顿悟时刻（eureka moment）：意识到她们也可以和其他背景不同、没有特权的女性一起发声推动变革。同时，在这场更大的进步变革运动，身为其中一分子的她们，可以帮助建立一个更人性、更平等的社会——允许所有女性（和男性）享受他们应得的工作和家庭生活。现在是时候了，时候到了（#TimesUp）。

附 录

研究方法

研究设计

本书奠定在前后两项相关的研究。第一项研究主题是《精英妈妈想辞职？》，探讨决定离开职场的女性过着什么样的居家生活。[1]第二项研究则是在十多年后对同一批女性追踪调查，了解她们的工作和家庭生活因退出职场而发生什么事。这两项研究共同构成一项贯时性或固定连续样本（panel）的研究。这种设计的优势在于它能够在较长的时间内追踪同一组人，描述和解释早期的生命事件如何影响之后生命历程的变化和起伏。因此，追踪研究采取的各种方法，例如抽样，在很大程度上是由原先的研究所决定（详情请见《精英妈妈想辞职？》的附录）。我们在此概述了本书的研究方法，重点是第一拨（原始样本）和第二拨（追踪样本）之间的差异。

被研究者

最初的样本是五十四名女性，她们都曾从事专业或管理工作，也都结婚有了小孩，接受访谈时，她们皆已脱离工作而在家带小孩。我们是通过滚雪球或推荐抽样的方式找到这些人，主要依靠四所精英院校的校友网络。我们在全美四个地区的七个大都市进行访谈——东北（受访者最多的地方）、东南、中西部和远西（Far West）地区。受访女性过去的职业混合了典型男性为主的职业、性别融合或男女混合以及女性为主的职业。在年龄分布上，我们则让三十岁至四十岁的年轻女性（N=24）和年长女性（N=30）的人数大致相等。

任何追踪研究的直接目标和主要挑战是确保高回应率，也就是找到并且尽可能多访问一些原始样本。高回应率追求的更大目标是获得一个和原先样本特征相符的追踪样本，或者至少没有明显偏差的样本，假如第二拨受访者与第一拨受访者有所差异，就会产生偏差（所谓的无回应偏差）。为了提高追踪访谈的回应率，有必要找到第一拨受访者，然后确保她们愿意参与研究。

这次的追踪研究距离第一次采访已经过了大约十二年（一开始的采访进行了好几年），我们料想要找出受访者并不容易。这的确不容易，但事实证明，这些女性的生活非常稳定，多数人仍住在同一个房子里。那些搬走的人则比较难找到，但我们通过各种网络服务，如

White Pages 和 Spokeo 找人。一旦找到人，我们就再三与她们联系，如有必要的话，则请她们签署参与同意书。最初，我们寄出了一系列信件和提醒的明信片。如果这些接触方法杳无音信，我们就直接打电话给她们，或者在少数情况下，如果我们手上掌握有效的邮件地址，就发电子邮件给她们。

除一个人之外，我们找到所有女性原始样本。对于那些我们握有联络地址和电话号码的人（N=53），有六个人拒绝受访、四个人未曾答复。最后的追踪样本由原来五十四名女性中的四十三人组成，答复率 80%，这在一般的追踪访谈中算是很高的，尤其是这两次的访谈已经间隔了很长一段时间。表 1 列出了每一位追踪访谈女性的基本资料。

追踪样本（N=43）与原始样本（N=54）在重要的人口统计学特征上面极为相似，这也说明受访者拒答的问题并未带来任何重大的偏差。原始样本的女性代表各种职业，包括医生、律师、科学家、银行家、管理顾问、销售和非营利组织主管、编辑与老师。原始样本有超过一半（54%）的人在选择退出职场前，曾在男性主导有声望的行业中工作，如法律、商业、医学、科学和工程，相较之下，追踪样本则是略低于一半（44%）。原始样本中约有三分之一（37%），曾在男女混合或过渡领域中工作，如出版、公关、行销和非营利组织的行政，而追踪样本中则有 13.5%。其余的原始样本（9%）曾在传统上以女性为主的职业中工作，如教师，而在追踪调查中有21%。因此，针对她们过去的职业，这两组样本相当相似，大多数女性曾在男性主导的职业工作，其次是男女混合和女性的职业。不论是哪一组样本，女性在最初接受访谈时通常有两个孩子。两组的教育程度相当。最初受访时大约有一半顶着高等教育学历（分别为52%和54%），其中MBA和法学博士最常见。由研究设计来看，原始样本中大约有一半的女性是三十几岁，另一半是四十几岁，年龄中位数是四十一岁；至于纳入追踪样本的女性，第一次接受访问时的年龄中位数是四十二岁。接受追踪访谈的人，年龄中位数是五十四岁，年纪在三十九岁到六十九岁。

访谈

执行细节

如同最初的研究，追踪研究的资讯是由深度访谈收集而来，访问通常是两个小时，采用生命史的研究方法。最初研究和追踪研究在资料收集方面有所不同，之所以改变，主要出于成本和后勤考量。请注意，最初研究的访谈是由两位作者斯通和拉夫乔伊面访，但追踪访谈时受限于成本，主要是由斯通、拉夫乔伊以及两人指

表 1　追踪研究受访者一览表（根据英文姓名字母排序）

姓名	年龄	学历	之前的工作	目前的工作	离开职场几年	最小的孩子几岁	丈夫的工作
Amanda Taylor	51	博士 *	银行主管	研究科学家	10	24	已退休 ***
Bettina Mason	53	法学博士	律师	未上班	19	22	律师
Blair Riley	69	法学博士	律师	律师	9	25	设计师
Brenda Dodd	62	理学学士	医疗技术员	牙科助理	15	25	医生
Brooke Coakley	60	MBA	健康照护主管	健康照护顾问	5	20	销售主管 ***
Christine Thomas	53	文学学士	销售主管	行销顾问	1	18	销售主管
Claire Lott	61	MBA	电信公司主管	接案语言教师	9	16	执行教练 ***
Denise Hortas	57	博士	药厂主管	药厂主管	1	23	私人执业律师
Diane Childs	54	注册会计师	非营利组织主管	接案会计师	1	16	房地产开发商
Donna Haley	57	法学博士	律师	律师	4	23	已退休 ***
Elizabeth Brand	47	MBA	管理顾问	未上班	9	4**	企业主管

续表

姓名	年龄	学历	之前的工作	目前的工作	离开职场几年	最小的孩子几岁	丈夫的工作
Emily Mitchell	48	文学学士	客服主管	小老板	18	21	会计师
Felice Stewart	60	文学学士	教师	教师	10	19	工程师
Frances Ingalls	53	文学学士	教师	办公室经理	21	23	商品交易员
Helena Norton	51	MPA	教育行政人员	教育行政人员	12	15	对冲基金经理 ***
Jessica Beckman	47	MBA	销售主管	销售顾问	9	14	销售主管
Joan Gilbert	45	文学学士	非营利组织内勤	未上班	9	11	国防承包商 ***
Karen Gordon	40	MS	工程师	工程顾问	2	4**	工程师
Kate Hadley	48	MBA	销售主管	管理顾问	7	10	对冲基金经理 ***
Kristin Quinn	47	教育硕士 *	教师	教师	4	16	审计人员
Lauren Quattrone	55	法学博士	律师	非营利组织的募款人	20	19	律师

续表

姓名	年龄	学历	之前的工作	目前的工作	离开职场几年	最小的孩子几岁	丈夫的工作
Leah Evans	57	公卫硕士	健康照护主管	兼任教授	4	24	已退休 ***
Lily Townsend	51	法学博士	律师	办公室内勤	12	16	离婚 ***
Lisa Bernard	63	公卫硕士	健康照护主管	未上班	13	25	教授和学术行政人员 ***
Maeve Turner	65	法学博士	律师	未上班	24	19	律师
Marina Isherwood	58	MBA	健康照护主管	健康照护顾问	11	22	医生
Martha Haas	42	文学学士	教育募款人	教育募款人	12	7**	教授
Meg Romano	51	文学学士	交易员	教育募款人	9	15	理财专员
Melanie Irwin	59	中学	销售主管	小老板	18	24	离婚 ***
Melissa Wyatt	41	文学学士	非营利组织内勤	未上班	12	10	创投
Amanda Taylor	51	博士 *	银行主管	研究科学家	10	24	已退休 ***

续表

姓名	年龄	学历	之前的工作	目前的工作	离开职场几年	最小的孩子几岁	丈夫的工作
Bettina Mason	53	法学博士	律师	未上班	19	22	律师
Blair Riley	69	法学博士	律师	律师	9	25	设计师
Brenda Dodd	62	理学学士	医疗技术员	牙科助理	15	25	医生
Brooke Coakley	60	MBA	健康照护主管	健康照护顾问	5	20	销售主管 ***
Christine Thomas	53	文学学士	销售主管	销售顾问	1	18	销售主管
Claire Lott	61	MBA	电信公司主管	接案语言教师	9	16	执行教练 ***
Denise Hortas	57	博士	药厂主管	药厂主管	1	23	私人执业律师
Diane Childs	54	注册会计师	非营利组织主管	接案会计师	1	16	房地产开发商
Donna Haley	57	法学博士	律师	律师	4	23	已退休 ***
Elizabeth Brand	47	MBA	管理顾问	未上班	9	4**	企业主管
Emily Mitchell	48	文学学士	客服主管	小老板	18	21	会计师

续表

姓名	年龄	学历	之前的工作	目前的工作	离开职场几年	最小的孩子几岁	丈夫的工作
Felice Stewart	60	文学学士	教师	教师	10	19	工程师
Frances Ingalls	53	文学学士	教师	办公室经理	21	23	商品交易员
Helena Norton	51	MPA	教育行政人员	教育行政人员	12	15	对冲基金经理 ***

注：这些都是化名。表格中的资讯都来自追踪访谈，除了过去的工作，那是我们第一次访问时询问她们退出劳动力市场前的最后一份工作。

* 针对教育部分，目前的学历有 * 表示与最初访谈时不一样（受访者后来获得的学位）

** 最小的孩子多大，孩子是在第一次采访后出生

*** 丈夫的职业和初次面谈时不一样

导和培训的几位经验老到的研究生助理以电话采访（只有少数是面访）。两个阶段的访谈都是两个小时，并有录音和完整的逐字稿。受访者都得到保密的保证：也就是说，她们的真实身份只有我们两个人和助理知道。这确保受访者可以谈论自己的工作经历和家庭生活，而不必担心遭到报复，也不用担心自己讲的话会影响到自己，或者让她们感到尴尬。虽然我们没有方法评估访谈方式的改变是否影响访问结果，但我们判断无论由谁来主持访谈还是执行的方式，都未影响到访谈的过程或收集资讯的品质。两阶段的受访者都很放松、投入、坦率，我们做的访谈和学生的访谈并没有明显的差异。

关于访谈

第一拨研究的访谈采取半结构化问卷，引出女性的工作和家庭史。为了达到研究目标，很重要的是用一种能够突出女性经验的方法，而不是强加一套既有的框架；生命历程叙事是这么做最自然的一种工具。访谈通常以一个常见的提示开始，要求受访者描述大学毕业到决定辞职这段时间的工作和家庭轨迹。受访者的叙述通常极为清晰、复杂且流畅，几乎不需要采访者的提示，假如有些话题并未自动浮现，每位参与者也都接受探询去畅谈某些重要主题。这些话题包括受访者的工作满意度、工作环境的特点，以及丈夫、孩子和其他家庭成员在她们决定是否返回工作的作用，也会请受访者描述她们离职后的居家生活。

追踪访谈也采用生命历程的叙事方法，以最初的访谈时间作为起始参考点。我们从之前的研究提出一个创新之处，以工作和家庭历史表格中的资讯作为访谈的补充，提供每一年的重点。我们请受访者在访谈前完成这份表格，一方面唤起她们的记忆，另一方面提供关键事件的时间轴（例如孩子出生、重返工作岗位）。这些访谈特别关注女性决定返回（或不返回）工作岗位以及重新进入职场的过程，探究并了解影响这一决定的因素，以及对于那些正在工作的妇女来说，了解她们工作经验的方方面面。

资料分析

两个阶段的访谈都有录音、誊写逐字稿及编码。这里我们讨论追踪访谈的分析，包含了几个步骤，类似于我们在第一份研究使用的步骤（细节请看前一本著作《精英妈妈想辞职？》）。第一步，我们为每位受访者写一份故事摘要，通常由做访谈的人负责。第二步，我们反复阅读故事摘要和访谈逐字稿，以便根据女性的工作和家庭轨迹的时间轴和整体背景制定初步主题。第三步，我们使用 ATLAS.ti（一种定性资料分析软件）对访谈逐字稿进行系统性编码，进一步发展及完善最初的编码架构。最后一步则是通过对细化编码（finer-grained codes）的分析，确定了一套更广泛且前后一致的概念性主题和结构，并且对于返回职场的变化提出一套解释。

呈现结果

按照定性研究的惯例，我们有时会以样本的百分比和比例来表示研究结果。这些数字并不意味着统计学上的总体趋势。反之，我们用数字来解释选择返回职场的变化，这可能超越我们的样本而有着更广泛的适用性［定性研究者称为“分析性通则”（analytic generalization）］。[2]

除了受访者的年龄、生几个孩子、孩子的年龄、工作年限和其他客观特征以外，这里介绍的姓名以及足以分辨的细节都做了调整以保护受访者的身份。我们以许多方式对受访者做“匿名”处理。一般而言，我们省略或改变细节和／或用泛泛之称描述女性的特征，借此排除她们身份的辨识度。例如，所有的名字，无论是公司、居住地，还是孩子和丈夫的名字都有所变更，或者只用一般或大类来描述（例如，金融业）。同时，为了够逼真也够有冲击力，我们不希望模糊受访者的生活细节，以免她们被当作虚构的人物。因此，针对她们就读的学校和居住的地方，我们使用真实的名字，但改成差不多的地方。例如毕业于哈佛大学商学院的女性可能改为毕业于沃顿商学院，或是反过来。至于她们读哪一所大学，因为它不像专业文凭那样明确，我们通常使用一般的描述：例如，哈佛大学会描述为常春藤盟校，而密歇根大学或北卡罗来纳大学则是公立常春藤大学（也就是严格筛选学生的公立学校）。

注　释

导　论

1　Belkin (2003).
2　Stone and Lovejoy (2004); Stone (2007a, 2007b); Boushey (2005, 2008).
3　Cohen and Rabin (2007); Shellenbarger (2004).
4　我们在“选择离开职场”加上引号，是因为我们对这个传达女性离开职场与劳动力故事的说法，感到怀疑。请参考 Stone (2007a) 对于此观点的阐述。为了阅读之便，本书其他部分针对这个词与相关用法都不再加引号，但我们依然对此表示怀疑。
5　Ely, Stone, and Ammerman (2014).
6　Stone (2007a, 2007b).
7　Steiner (2007); Cohen and Rabin (2007).
8　Hirshman (2006); Bennetts (2007).
9　Weisshaar (2018).
10　Hewlett and Luce (2005); McGrath et al. (2005); Shaw, Taylor, and Harris (1999).
11　Hewlett and Luce (2005); Cabrera (2009); Herman (2015); Evertsson,Grunow, and Aisenbrey (2016).
12　Chao and Rones (2007).
13　Malkiel (2016).
14　Sandberg (2013); Slaughter (2015).
15　Statistics compiled from AAMC (2016); ABA (2017); Catalyst (2018);Warner (2014).
16　Hess et al. (2015).
17　Goldin (2014, 1095)。假如我们采取一种更细微（许多人会说更贴近现实）的测量方式来计算薪资差距，也就是不止看一年的收入，而是针对至少工作一年以上的工人计算十五年的总收入，差距就会更大。根据女性政策研究所（Institute for Women's Policy Research）的报告 (Rose and Hartmann，2018)，女性在 2015 年的收入只有男性的 49%，也就是不到一半，薪资差距是

51%。同一份研究也发现脱离职场对于薪资的惩罚也随着时间增加。2001 年之前，女性离开职场一年的收入会比一直留在职场的女性少 12%，对于薪资的惩罚在 2001 年之后增加到 39%。

18 Goldin (2014).

19 Goldin (2014).

20 Goldin and Katz (2008).

21 Goldin (2014, 1106).

22 Buchmann and McDaniel (2016).

23 England et al. (2016).

24 Cha and Weeden (2014).

25 Belkin (2003).

26 Martin (2015); Wolitzer (2008).

27 Miller (2015).

28 Ely, Stone and Ammerman (2014)。另一份针对精英商学院毕业生的研究显示，女性在处理前途与孩子的难题时，干脆直接放弃孩子：2012 年只有 42%的毕业生打算生孩子，而 1992 年的数据是 78%（Friedman 2013）。

29 Rivera and Tilcsik (2016).

30 Rivera and Tilcsik (2016, 1097).

31 Hersch (2013).

32 Kuperberg and Stone (2008); Hersch (2013); Williams and Boushey (2010).

33 Landivar (2017).

34 Williams and Boushey (2010).

35 Hersch (2013).

36 Amott and Matthaei (1996); Landivar (2017).

37 Kossek, Su, and Wu (2017).

38 Stone (2007b, 19).

39 Cooper (2014); Pugh (2015).

第一章

1 这些背景描述有一部分在我们第一本书中已经写到（Stone 2007a)。

2 许多探讨美国社会流动的文献揭示，个人的出身背景（特别是家长的教育程度及收入），深深影响一个人的社会地位。家庭的地位传递是直接或是间接通过它对于教育成就来发挥影响力。请见经典作品《美国职业的结构》（*The American Occupational Structure*）(Blau and Duncan 1967)。还有另外一些文献记录家庭财富对于小孩成年之后的财富、流动以及学历长久的优势。请见《有毒的不平等》(*Toxic Inequality*) (Shapiro 2017, 26–27) 对于此类研究的整理。

3 这里的整理是根据前一份研究，细节请见 Stone (2007a)。

4 Damaske (2011).

5 针对工作时间的历史回顾，请见：Schor (1991) and Cha and Weeden (2014)。

6 Clawson and Gerstel's (2014) 对于医疗业工作的研究点出这一行在时间规范上的高压，医师的工时往往比助手多上许多，直接对家庭的影响就是医生要比紧急救护人员 (EMT workers) 更倾向传统家庭：太太更多是家庭主妇，还有家务劳动分工的高度性别不平等。Blair-Loy's (2003) 对于财务主管的研究清楚地显示，这些以上班时间为本的工作在物质表征上，有着很强的文化意义，展现出特别强大的控制力。

7 Stone and Hernandez (2013).

8 虽然选择退出职场 (opting out) 一词最初是 Lisa Belkin 在 2003 年提出，Zimmerman 及 Clark 最近的文献回顾点出 (2016, 603-604)，关于此问题的研究在不同的学科领域中明显增加。

9 Bertrand, Goldin, and Katz (2010).

10 Hewlett and Luce (2005).

11 Metz (2011).

12 Herr and Wolfram (2012).

13 Fox and Quinn (2015).

14 Cha (2013, 177).

15 Shafer (2011).

16 Cha (2010).

第二章

1 这段待在家里的时间，并不包括两段兼职且时间很短的工作，她做做停停是想要努力测试自己是否真的想要完全重返职场。如同我们在下一章所见，这种短暂且临时进入劳动力市场，是女性完全重启之前常见的形态。

2 Stone (2007a).

3 Walzer (2010).

4 Pyke (1996).

5 See Jacobs and Gerson (1998); Williams (1999).

6 根据 Cha and Weeden (2014)，其他造成加班文化以及薪资奖励出现的宏观结构因素，包括去工业化、全球化以及劳动力市场分化（高薪核心员工超时工作，兼职或临时职位的合同人员则领着较低的薪资）。他们也发现超时工作日益盛行（一周工作五十个小时以上）以及加班的时薪提高，造成男女时薪差距迟迟无法缩小。比起女性，扛起家计的男性较能超时上班，也较有机会利用加班获得节节高升的报酬。

7 Hays (1996).

8 Lareau (2003).

9 Lareau (2003).

10 J. Wallace (2014).

11 Lareau (2003).

12 Parker and Wang (2013).

13 Cooper (2014); Lareau (2003); Vincent and Ball (2007).

14 Cooper (2014, 107).

15 这项洞见有一部分从 Aida Hurtado (1989) 针对性别依附的种族差异所做的交叉性（intersectional）分析得到启发，请见：Relating to Privilege: Seduction and Rejection in the Subordination of White Women and Women of Color。Aida Hurtado 提出不同肤色的女性因种族所带来的性别依附，经常是通过吸引（seduction）过程运行，亦即和白人男性的姻亲或血亲让她们取得种族或阶级特权，只要她们继续当个依附的女人。因此，白人女性是通过吸引而依附，而有色人种女性则是通过拒绝（rejection）而依附。

第三章

1 Belkin (2003) 的文章就是媒体如何刻画选择退出职场的典型案例，请见 Kuperberg and Stone (2008) 对于媒体描述的学术分析。

2 请见 Chaker and Stout (2004); Hannon (2013); Light (2013); O' Kelly (2013);Schulte (2011); Schulte (2014); and K. Wallace (2013).

3 Sylvia Ann Hewlett 等人 (Hewlett and Luce 2005; Hewlett et al. 2010) 针对高学历女性（年龄介于二十八岁到五十五岁）的离开与重返职场形态做了两次全国调查。两次研究都发现，绝大多数有小孩的女性职业生涯中断之后，最终都试着重返职场，2004 年是 93%，2009 年是 89%，其中有四分之三的人最终都成功回到职场。

4 Hewlett and associates (Hewlett and Luce 2005; Hewlett et al. 2010);McGrath et al. (2005).

5 零工经济这个俗语有各种不同的定义，但普遍的定义都说零工经济是一种非标准的工作安排，缺乏长期的聘雇合约，例如临

时工 (Bracha and Burke 2016)。根据美国劳工统计局（the Bureau of Labor Statistics）(DiNatale and Boraas 2002)，临时工指的是明白或暗示说工作本质上就是短期的。美国劳工统计局将临时工分成四类：独立合同工（independent contractor）、随叫随到工人（on-call workers）、短期人力派遣工人（temporary help agency workers）以及外包公司工人（contract company workers）。

6 Kalleberg (2011).

7 Bertrand, Goldin, and Katz (2010); Grant-Vallone and Ensher (2011);Fehringand Herring (2012); Hewlett and Luce (2005); Hewlett et al.(2010); McKie, Biese, and Jyrkinen (2013).

8 Grant-Vallone and Ensher (2011).

9 Seligson (2008); K. Wallace (2013); Chaker and Stout (2004) .

10 Schulte(2014); Hannon (2013); Light(2013); O' Kelly(2013); K. Wallace (2013); Schulte (2011); Chaker and Stout (2004).

11 Zolfagharifard (2016).

12 "劳动后备军"（the reserve army of labor）是马克思提出的概念，指的是资本主义社会中随着资本支配可以轻易聘用再解雇的失业及低度就业工人（Karl Marx 2000）。

13 Cabrera (2007); Herman (2015); Hewlett et al. (2010, 11); McGrath et al.(2005).

14 有一份备受推崇的追踪研究发现 (Katz and Krueger 2016) ，2005 年到 2015 年的十年间，从事临时工作（如美国劳工统计局的定义）的工人比例，由 10%升到 16%。

15 Carré and Tilly (1998); Kalleberg (2011).

16 Bateson (1989); Cabrera (2013, 2009); Hewlett and Luce (2005); Hewlett et al.(2010); Mainiero and Sullivan (2005); McKie, Biese, and Jyrkinen (2013).

17 Hewlett et al. (2010, 11).

第四章

1 十八个未曾重启职业生涯的女性中，有九个在接受追踪访谈时依然处于"家庭优先"阶段，另外九个则是从未回到劳动力市场。

2 社会主义女权派说女性是资本主义经济"劳动后备军"的概念（Bruegel 1979; Simeral 1978），乃是套用到妻子在新传统家庭中的角色，妻子的劳动被认为是一种方便但仅在财务困难时短暂需要的预备。

3 针对"男性萧条"请见：Thompson (2009)。

4 礼宾式育儿（密集育儿的另一种变形）这个现象最初出自 Julie Lythcott-Haims（2015）的作品 *How to Raise an Adult: Break Free of the Overparenting Trap and Prepare Your Kid for Success*，再受到社会学家 Hamilton, Roksa and Nielsen (2018) 等人的进一步阐释，认为这是富裕家庭普遍的现象，他们会提供自己念大学的孩子满满的“学术、社会及职业生涯的支持，并且取得专属的大学设施”，他们认为这是大学生复制阶级不平等的形态。

第五章

1 Lovejoy and Stone (2012); McGrath et al. (2005); Tomlinson (2005).

2 Schneer and Reitman (1990, 1997).

3 Hewlett and Luce (2005).

4 Cabrera (2007, 2009); Fehring and Herring (2012); Herman (2015);Hewlett and Luce (2005); Hewlett et al. (2010); McGrath et al. (2005);McKie, Biese, and Jyrkinen (2013); Shaw, Taylor, and Harris (2000).

5 Tronto (1993); Ruddick (1990).

6 Jung (1971); McAdams (2001); Erikson (1964).

7 Freedman (2006); Schaefers (2012).

8 请见 Mainiero and Sullivan (2005, 2006)。O’Neil and Bilimoria (2005) 的研究也在女性职业生涯轨迹发现三个与年龄相关的阶段。

9 Catherine Bateson 的作品 *Composing a Life*（1989）也点出类似的主题，她观察到女性的生命轨迹因为照顾家人的责任而更加临时性、曲折性以及随意性。

10 “离开的门槛很低”是斯坦福大学电脑科学系的退休教授 Bruce Roberts 和我通信时所提出的说法。

11 这个用法改自“生命历程创新”（life course innovation）这个概念，是指采取新的生命历程模式与角色，已经预示该种生活方式的制度化（Giele1998; Kohli 1986）。

第六章

1 为了取得每一种职业在性别组成、收入以及声望的全国资料，我们把女性的职称（行业所必须给予的头衔）对应到美国标准职业分类（Standard Occupational Classification）里头超过四百种详细的职称。

2 Kalleberg (2011).

3 我们在这一章所引用的各种数据和比例来描述样本内部的情况。这无法推论到更大的样本，而仅仅是为了描述样本的大致情况。

4 Wikipedia, “Occupational Prestige,” last modified January 2017,accessed 2018, https://en.wikipedia.org/wiki/Occupational_prestige.

5 England (1979); Bose and Rossi (1983); J. Fox and Suschnigg (1989).

6 England (1979).

7 由于“临时”是特定工作的特色，而不是整个职业的情况，有些转换跑道的女性，例如换工作，也会在她们新的领域做点临时工作。以克莱尔（Claire Lott）来说，她离开电信业销售的全职工作成为教西班牙文的兼课教师。

8 虽然这里并未列出，几乎是所有第一次重返职场的女性都是做临时工，正如我们在前一章所见，这是重启职业生涯过程中，家庭优先阶段很重要的重返工作策略。

9 Pipher (1994).

第七章

1 Clawson and Gerstel (2014).

2 请见 McGinn, Castro and Lingo (2018)，他们也对于这类研究做了很全面的整理。

3 比方说，请见 Stromberg (2017) 提出的结论。

4 Cohen and Rabin (2007).

5 Cohen (2012).

6 Schwartz and Mare (2005).

7 Lyness et al. (2012).

8 Bergmann (1974).

9 Stone and Kuperberg (2006).

10 Haas and Hwang (2008).

11 Patnaik (2017); Arnalds, Eydal, and Gíslason (2013).

12 Slaughter (2015).

13 Vagianos (2017).

14 Gaudiano (2017).

15 Bateson (1989).

16 Ryzik (2018).

附　录

1 Stone (2007a).

2 Yin (2003).

参考文献

AAMC (American Association of Medical Colleges). 2016. "The State of Women in Academic Medicine: The Pipeline and Pathways to Leadership,2015–2016." https://www.aamc.org/members/gwims/statistics/.

ABA (American Bar Association). 2017. "A Current Glance at Women in the Law." January. https://www.americanbar.org/content/dam/aba/marketing/women/current_glance_statistics_january2017.authcheckdam.pdf.

Amott, Teresa L., and Julie A. Matthaei. 1996. *Race, Gender, and Work: A Multi- cultural Economic History of Women in the United States*. Boston:South End Press.

Arnalds, Ásdís A., Guðný Björk Eydal, and Ingólfur V. Gíslason. 2013. "Equal Rights to Paid Parental Leave and Caring Fathers: The Case of Iceland."*Icelandic Review of Politics and Administration* 9 (2): 323–44.

Bateson, Mary Catherine. 1989. *Composing a Life*. Harvard East Asian Monograph No. 142. New York: Atlantic Monthly Press.

Belkin, Lisa. 2003. "The Opt-Out Revolution." *New York Times*, October 26.https://www.nytimes.com/2003/10/26/magazine/the-opt-out-revolution.html.

Bennetts, Leslie. 2007. *The Feminine Mistake: Are We Giving Up Too Much?*New York: Voice/Hyperion.

Bergmann, Barbara R. 1974. "Occupational Segregation, Wages and Profits When Employers Discriminate by Race or Sex." *Eastern Economic Journal* 1 (2): 103–10.

Bertrand, Marianne, Claudia Goldin, and Lawrence F. Katz. 2010. "Dynamics of the Gender Gap for Young Professionals in the Financial and Corporate Sectors." *American Economic Journal: Applied Economics* 2 (3): 228–55.https:// doi.org/10.1257/app.2.3.228.

Blair-Loy, Mary. 2003. *Competing Devotions: Career and Family among Women Executives*. Cambridge, MA: Harvard University Press.

Blau, Peter M., and Otis Dudley Duncan. 1967. *The American Occupational*

Structure. New York: John Wiley.

Bose, Christine E., and Peter H. Rossi. 1983. "Gender and Jobs: Prestige Standings of Occupations as Affected by Gender." *American Sociological Review* 48 (3): 316–30.

Boushey, Heather. 2005. "Are Women Opting Out? Debunking the Myth."Center for Economic and Policy Research Briefing Paper, November.http://cepr.net/documents/publications/opt_out_2005_11_2.pdf.

Boushey, Heather. 2008. "'Opting Out?' The Effect of Children on Women's Employment in the United States." *Feminist Economics* 14 (1): 1–36.https://doi.org/10.1080/13545700701716672.

Bracha, Anat, and Mary A. Burke. 2016. "Who Counts as Employed?Informal Work, Employment Status, and Labor Market Slack." SSRN Scholarly Paper ID 2935535, Social Science Research Network,Rochester, NY. https://papers.ssrn.com/abstract=2935535.

Bruegel, Irene. 1979. "Women as a Reserve Army of Labour: A Note on Recent British Experience." *Feminist Review*, no. 3: 12–23. https://doi.org/10.2307/1394707.

Buchmann, Claudia, and Anne McDaniel. 2016. "Motherhood and the Wages of Women in Professional Occupations." *Russell Sage Foundation Journal* 2 (4):128–50. https://doi.org/10.7758/RSF.2016.2.4.05.

Cabrera, Elizabeth F. 2007. "Opting Out and Opting In: Understanding the Complexities of Women's Career Transitions." *Career Development International* 12 (3): 218–37.

Cabrera, Elizabeth F. 2009. "Protean Organizations: Reshaping Work and Careers to Retain Female Talent." *Career Development International* 14(2): 186–201. https://doi.org/10.1108/13620430910950773.

Cabrera, Elizabeth F. 2013. "Opting Out and Opting In: Understanding the Complexities of Women's Career Transitions." *Career Development International* 12 (3): 218–37. https://doi.org/10.1108/13620430710745872.

Carré, Françoise, and Chris Tilly. 1998. "Part-Time and Temporary Work." *Dollars and Sense*, January 1998. www.dollarsandsense.org/archives/1998/0198carre.html.

Catalyst. 2018. "Quick Take: Women in the Workforce: United States."March 28. www.catalyst.org/knowledge/women-workforce-united-states.

Cha, Youngjoo. 2010. "Reinforcing Separate Spheres: The Effect of Spousal Overwork on Men's and Women's Employment in Dual-Earner

Households."*American Sociological Review* 75 (2): 303–29.
Cha, Youngjoo. 2013. "Overwork and the Persistence of Gender Segregation in Occupations." *Gender and Society* 27 (2): 158–84.
Cha, Youngjoo, and Kim A. Theeden. 2014. "Overwork and the Slow Convergence in the Gender Gap in Wages." *American Sociological Review* 79 (3): 457–84. https://doi.org/10.1177/0003122414528936.
Chaker, Anne Marie, and Hilary Stout. 2004. "After Years Off, Women Struggle to Revive Careers." *Wall Street Journal*, May 6. www.wsj.com/articles/SB108379813440903335.
Chao, Elaine, and Philip Rones. 2007. "Women in the Labor Force: A Databook."Bureau of Labor Statistics. www.bls.gov/opub/reports/womensdatabook/archive/women-in-the-labor-force-a-databook-2014.pdf.
Clawson, Dan, and Naomi Gerstel. 2014. *Unequal Time: Gender, Class, and Family in Employment Schedules*. New York: Russell Sage Foundation.
Cohen, Carol Fishman. 2012. "The 40-Year-Old Intern." *Harvard Business Review*, November. https://hbr.org/2012/11/the-40-year-old-intern.
Cohen, Carol Fishman, and Vivian Steir Rabin. 2007. *Back on the Career Track: A Guide for Stay-at-Home Moms Who Want to Return to Work*.New York: Warner Business Books.
Cooper, Marianne. 2014. *Cut Adrift: Families in Insecure Times*. Berkeley:University of California Press.
Damaske, Sarah. 2011. *For the Family? How Class and Gender Shape Women's Work*. New York: Oxford University Press.
DiNatale, Marisa, and Stephanie Boraas. 2002. "The Labor Force Experience of Women from 'Generation X.'" Bureau of Labor Statistics, March.www.bls.gov/opub/mlr/2002/03/art1full.pdf.
Ely, Robin J., Pamela Stone, and Colleen Ammerman. 2014. "Rethink What You 'Know' about High-Achieving Women." *Harvard Business Review*,December 1. https://hbr.org/2014/12/rethink-what-you-know-about-highachieving-women.
England, Paula. 1979. "Women and Occupational Prestige: A Case of Vacuous Sex Equality." *Signs: Journal of Women in Culture and Society* 5 (2): 252–65.
England, Paula, Jonathan Bearak, Michelle J. Budig, and Melissa J. Hodges.2016. "Do Highly Paid, Highly Skilled Women Experience the Largest Motherhood Penalty?" *American Sociological Review* 81 (6): 1161–89.https:// doi.org/10.1177/0003122416673598.
Erikson, Erik H. 1964. *Childhood and Society*. New York: Norton.

Evertsson, Marie, Daniela Grunow, and Silke Aisenbrey. 2016. "Work Interruptions and Young Women's Career Prospects in Germany, Sweden and the US." *Work, Employment and Society* 30 (2): 291–308.

Fehring, Heather, and Katherine Herring. 2012. "Voices from the Working Lives Project: The Push-Pull of Work and Care." *International Education Studies* 5 (6): 204–18. https://doi.org/10.5539/ies.v5n6p204.

Fox, Annie B. and Diane M. Quinn. 2015. "Pregnant Women at Work:The Role of Stigma in Predicting Women's Intended Exit from the Workforce." *Psychology of Women Quarterly* 39 (2): 226–42.

Fox, John, and Carole Suschnigg. 1989. "A Note on Gender and the Prestige of Occupations." *Canadian Journal of Sociology/Cahiers Canadiens de Sociologie* 14 (3): 353–60.

Freedman, Marc. 2006. "The Social-Purpose Encore Career: Baby Boomers,Civic Engagement, and the Next Stage of Work." *Generations* (San Fran cisco) 30 (4): 43–46.

Friedman, Stewart. 2013. *Baby Bust: New Choices for Men and Women in Work and Family*. New York: Wharton Digital Press.

Gaudiano, Nicole. 2017. "'Me Too' Movement Fuels Equal Rights Amendment Push." *USA Today*, November 18. https://www.usatoday.com/story/news/politics/2017/11/18/me-too-movement-renews-equalrights-amendment- push/875903001/.

Giele, Janet Z. 1998. "Innovation in the Typical Life Course." In *Methods of Life Course Research: Qualitative and Quantitative Approaches*, 231–63. Thousand Oaks, CA: Sage Publications.

Goldin, Claudia. 2014. "A Grand Gender Convergence: Its Last Chapter."*American Economic Review* 104 (4): 1091–119. https://doi.org/10.1257/aer.104.4.1091.

Goldin, Claudia, and Lawrence F. Katz. 2008. "Transitions: Career and Family Life Cycles of the Educational Elite." *American Economic Review* 98 (2): 363–69. https://doi.org/10.1257/aer.98.2.363.

Grant-Vallone, Elisa J., and Ellen A. Ensher. 2011. "Opting in Between:Strategies Used by Professional Women with Children to Balance Work and Family." *Journal of Career Development* 38 (4): 331–48. https://doi.org/10.117/0894845310372219.

Haas, Linda, and C. Philip Hwang. 2008. "The Impact of Taking Parental Leave on Fathers' Participation in Childcare and Relationships with Children: Lessons from Sweden." *Community, Work and Family* 11 (1):85–104.

Hamilton, Laura, Josipa Roksa, and Kelly Nielsen. 2018. "Providing a 'Leg Up': Parental Involvement and Opportunity Hoarding in College." *Sociology of Education* 91 (2): 111–31. https://doi.org/10.1177/0038040718759557.

Hannon, Kerry. 2013. "7 Ways Women Can Opt Back into the Workforce."Forbes, August 14. www.forbes.com/sites/nextavenue/2013/08/14/howopt-out-women-can-opt-back-into-jobs/.

Hays, Sharon. 1996. *The Cultural Contradictions of Motherhood*. New Haven, CT: Yale University Press.

Herman, Clem. 2015. "Rebooting and Rerouting: Women's Articulations of Frayed Careers in Science, Engineering and Technology Professions."*Gender, Work and Organization* 22 (4): 324–38. https://doi.org/10.1111/gwao.12088.

Herr, Jane Leber, and Catherine D. Wolfram. 2012. "Work Environment and Opt-Out Rates at Motherhood across High-Education Career Paths." *ILR Review* 65 (4): 928–50.

Hersch, Joni. 2013. "Opting Out among Women with Elite Education."*Review of Economics of the Household* 11 (4): 469–506. https://doi.org/10.1007/s11150-013-9199-4.

Hess, Cynthia, Jessica Milli, Ariane Hegewisch, Stephanie Román, Julie Anderson, and Justine Augeri. 2015. "The Status of Women in the States: 2015." Institute for Women's Policy Research. https://iwpr.org/publication/the-status-of-women-in-the-states-2015-full-report/.

Hewlett, Sylvia Ann, Diana Forster, Laura Sherbin, Peggy Shiller, and Karen Sumberg. 2010. *Off-Ramps and On-Ramps Revisited*. New York: Center for Work-Life Policy.

Hewlett, Sylvia Ann, and Carolyn Buck Luce. 2005. "Off-Ramps and On-Ramps: Keeping Talented Women on the Road to Success." *Harvard Business Review*, March 1. https://hbr.org/2005/03/off-ramps-and-onramps-keeping-talented-women-on-the-road-to-success.

Hirshman, Linda R. 2006. *Get to Work: A Manifesto for Women of the World*. New York: Viking.

Hurtado, Aída. 1989. "Relating to Privilege: Seduction and Rejection in the Subordination of White Women and Women of Color." *Signs* 14 (4):833–55.

Jacobs, Jerry A., and Kathleen Gerson. 1998. "Who Are the Overworked Americans?" *Review of Social Economy* 56 (4): 442–59.

Jung, Carl. 1971. *The Portable Jung*. New York: Viking Press.

Kalleberg, Arne L. 2011. *Good Jobs and Bad Jobs: The Rise of Precarious and Polarized Employment Systems in the United States, 1970s to 2000s*.New

York: Russell Sage Foundation.

Katz, Lawrence, and Alan Krueger. 2016. "The Rise and Nature of Alternative Work Arrangements in the United States, 1995–2015." National Bureau of Economic Research, Working Paper 22667, September. https://doi.org/10.3386/w22667.

Kohli, Martin. 1986. "The World The Forgot: A Historical Review of the Life Course." *In Later Life: The Social Psychology of Aging*, edited by V. Th.Marshall, 271–303. Beverly Hills, CA: Sage Publications.

Kossek, Ellen Ernst, Rong Su, and Lusi Thu. 2017. "'Opting Out' or 'Pushed Out'? Integrating Perspectives on Women's Career Equality for Gender Inclusion and Interventions." *Journal of Management* 43 (1): 228–54.https:// doi.org/10.1177/0149206316671582.

Kuperberg, Arielle, and Pamela Stone. 2008. "The Media Depiction of Women Who Opt Out." *Gender and Society* 22 (4): 497–517. https:// doi.org/10.1177/0891243208319767.

Landivar, Liana Christin. 2017. *Mothers at Work: Who Opts Out?* Boulder,CO: Lynne Rienner.

Lareau, Annette. 2003. *Unequal Childhoods: Class, Race, and Family Life*. Berkeley: University of California Press.

Light, Paulette. 2013. "Why 43% of Women with Children Leave Their Jobs,and How to Get Them Back." *Atlantic*, April 19. www.theatlantic. com/sexes/archive/2013/04/why-43-of-women-with-children-leave-their-jobsand-how-to-get-them-back/275134/.

Lovejoy, Meg, and Pamela Stone. 2012. "Opting Back In: The Influence of Time at Home on Professional Women's Career Redirection after Opting Out." *Gender, Work and Organization* 19 (6): 631–53.

Lyness, Karen S., Janet C. Gornick, Pamela Stone, and Angela R. Grotto.2012. "It's All about Control: Worker Control over Schedule and Hours in Cross- national Context." *American Sociological Review* 77 (6): 1023–49.

Lythcott-Haims, Julie. 2015. *How to Raise an Adult: Break Free of the Overparenting Trap and Prepare Your Kid for Success*. San Francisco:iDream Books.

Mainiero, Lisa A., and Sherry E. Sullivan. 2005. "Kaleidoscope Careers:An Alternate Explanation for the 'Opt-Out' Revolution." *Academy of Management Executive* 19 (1): 106–23. https://doi.org/10.5465/AME.2005.15841962.

Mainiero, Lisa A., and Sherry E. Sullivan. 2006. *The Opt-Out Revolt:Why People Are Leaving Companies to Create Kaleidoscope Careers*.Mountain

View, CA: Davies-Black.

Malkiel, Nancy Weiss. 2016. *"Keep the Damned Women Out": The Struggle for Coeducation*. Princeton, NJ: Princeton University Press.

Martin, Wednesday. 2015. *Primates of Park Avenue: A Memoir*. New York:Simon and Schuster.

Marx, Karl. 2000. *Capital*. Vol. 1. London: Electric Book Company. http://ebookcentral.proquest.com/lib/brandeis-ebooks/detail.action?docID=3008518.

McAdams, Douglas. 2001. "Generativity in Midlife." In *Handbook of Midlife Development*, edited by Margie E. Lachman, 395–443. New York: John Wiley and Sons.

McGinn, Kathleen L., Mayra Ruiz Castro, and Elizabeth Long Lingo.2018. "Learning from Mum: Cross-national Evidence Linking Maternal Employment and Adult Children's Outcomes." *Work,Employment and Society*, published online April 30. https://doi.org/10.1177/0950017018760167.

McGrath, Monica, Marla Driscoll, Mary Gross, Penny Bamber, and Kerriann Axt. 2005. "Back in the Game: Returning to Business after a Hiatus."Philadelphia: Wharton Center for Leadership and Change. http://citeseerx.ist.psu.edu/viewdoc/summary?doi=10.1.1.214.53.

McKie, Linda, Ingrid Biese, and Marjut Jyrkinen. 2013. "'The Best Time Is Now!': The Temporal and Spatial Dynamics of Women Opting In to Self-Employment." *Gender, Work and Organization* 20 (2): 184–96. https://doi.org/10.1111/gwao.12019.

McKinsey and Company. 2017. "Women in Law Firms." Featured Insights,October. https://www.mckinsey.com/-/media/mckinsey/featured%20insights/gender%20equality/women%20in%20law%20firms/women-inlaw-firms-final-103017.ashx.

Metz, Isabel. 2011. "Women Leave Work Because of Family Responsibilities:Fact or Fiction?" *Asia Pacific Journal of Human Resources* 49 (3): 285–307.

Miller, Claire. 2015. "More Than Their Mothers, Young Women Plan Career Pauses." *New York Times*, July 22. https://www.nytimes.com/2015/07/23/upshot/more-than-their-mothers-young-women-plan-career-pauses.html.

O'Kelly, Allison. 2013. "Off-Ramping? Not So Fast." *Huffington Post*, May 30. www.huffingtonpost.com/allison-okelly/offramping-not-so-fast_b_3353820.html.

O'Neil, Deborah, and Diana Bilimoria. 2005. "Women's Career

Development Phases: Idealism, Endurance, and Reinvention." *Career Development International* 10 (3): 162–88.

Parker, Kim, and Wendy Wang. 2013. "Modern Parenthood." *Pew Research Center's Social and Demographic Trends Project* (blog), March 14.www.pewsocialtrends.org/2013/03/14/modern-parenthood-roles-ofmoms-and-dads-converge-as- they-balance-work-and-family/.

Patnaik, Ankita. 2017. "Reserving Time for Daddy: The Consequences of Fathers' Quotas." SSRN Scholarly Paper ID 2475970. Rochester,NY: Social Science Research Network. https://papers.ssrn.com/abstract=2475970.

Pipher, Mary Bray. 1994. *Reviving Ophelia: Saving the Selves of Adolescent Girls*. New York: Putnam.

Pugh, Allison J. 2015. *The Tumbleweed Society: Working and Caring in an Age of Insecurity*. New York: Oxford University Press.

Pyke, Karen D. 1996. "Class-Based Masculinities: The Interdependence of Gender, Class, and Interpersonal Power." *Gender and Society* 10 (5):527–49.

Rivera, Lauren A., and András Tilcsik. 2016. "Class Advantage, Commitment Penalty: The Gendered Effect of Social Class Signals in an Elite Labor Market." *American Sociological Review* 81 (6): 1097–131.

Rose, Stephen J., and Heidi Hartmann. 2018. *Still a Man's Labor Market:The Slowly Narrowing Gender Wage Gap*. Washington, DC: Institute for Women's Policy Research.

Ruddick, Sara. 1990. *Maternal Thinking: Toward a Politics of Peace*. New York: Ballantine.

Ryzik, Melena. 2018. "Curator Says MoMA PS1 Wanted Her, Until She Had a Baby." *New York Times*, July 9. https://www.nytimes.com/2018/07/06/arts/design/moma-ps1-discrimination-suit-baby.html.

Sandberg, Sheryl. 2013. *Lean In: Women, Work, and the Will to Lead*. New York: Alfred A. Knopf.

Schaefers, Kathleen Galvin. 2012. "Working for Good: The Encore Career Movement." *Career Planning and Adult Development Journal* (San Jose)28 (2): 84–95.

Schneer, Joy, and Frieda Reitman. 1990. "Effects of Employment Gaps on the Careers of M.B.A.'s: More Damaging for Men than for Women?"*Academy of Management Journal* 33 (2): 391–406. https://doi.org/10.2307/256330.

Schneer, Joy, and Frieda Reitman. 1997. "The Interrupted Managerial Career Path: A Longitudinal Study of MBAs." *Journal of Vocational*

Behavior 51: 411–34.
Schor, Juliet. 1991. *The Overworked American: The Unexpected Decline of Leisure*. New York: Basic Books.
Schulte, Brigid. 2011. "Movement to Keep Moms Working Is Remaking the Workplace." *Washington Post*, May 5. https://www.washingtonpost.com/local/movement-to-keep-moms-working-is-remaking-the workplace/2011/05/05/AFMTqOLG_story.html.
Schulte, Brigid. 2014. "Programs to Help Women Relaunch Careers Plum- meted during Recession." *Washington Post*, October 17. www.washingtonpost.com/news/local/wp/2014/10/17/back-to-work-womenwhove-opted-out-face- stigma-struggle-to-get-back-in/.
Schwartz, Christine R., and Robert D. Mare. 2005. "Trends in Educational Assortative Marriage from 1940 to 2003." *Demography* 42 (4): 621–46. https:// doi.org/10.1353/dem.2005.0036.
Seligson, Hannah. 2008. "Off Ramp to On Ramp: It Can Be a Hard Journey."*New York Times*, December 7.
Shafer, Emily Fitzgibbons. 2011. "Wives' Relative Wages, Husbands' Paid Work Hours, and Wives' Labor-Force Exit." *Journal of Marriage and Family* 73 (1): 250–63.
Shapiro, Thomas M. 2017. *Toxic Inequality: How America's Wealth Gap Destroys Mobility, Deepens the Racial Divide, and Threatens Our Future*. New York: Basic Books.
Shaw, Sue, Mary Taylor, and Irene Harris. 1999. "Jobs for the Girls: A Study of the Careers of Professional Women Returners Following Participation in a European Funded Updating Programme." *International Journal of Manpower* 20 (3/4): 179–89.
Shellenbarger, Sue. 2004. "A Bellwether Working Mom Returns to the Office." *Wall Street Journal*, May 4. www.wsj.com/articles/SB108362148104000689.
Simeral, Margaret H. 1978. "Women and the Reserve Army of Labor." *Insurgent Sociologist* 8 (2–3): 164–79. https://doi.org/10.1177/089692057800800217.
Slaughter, Anne-Marie. 2015. *Unfinished Business: Women, Men, Work,Family*. New York: Random House.
Steiner, Leslie. 2007. "Back in Business." *More Magazine*, June 2007.
Stone, Pamela. 2007a. *Opting Out? Why Women Really Quit Careers and Head Home*. Berkeley: University of California Press.
Stone, Pamela. 2007b. "The Rhetoric and Reality of 'Opting Out.'" *Contexts* 6 (4): 14–19.

Stone, Pamela, and Lisa Ackerly Hernandez. 2013. "The All-or-Nothing Workplace: Flexibility Stigma and 'Opting Out' among Professional-Managerial Women." *Journal of Social Issues* 69 (2): 235–56.

Stone, Pamela, and Arielle Kuperberg. 2006. "Anti-discrimination vs. Antipoverty?A Comparison of Pay Equity and Living Wage Reforms."*Journal of Women, Politics and Policy* 27 (3–4): 23–39. https://doi.org/10.1300/J501v27n03_03.

Stone, Pamela, and Meg Lovejoy. 2004. "Fast-Track Women and the 'Choice'to Stay Home." *Annals of the American Academy of Political and Social Science* 596(1): 62–83.

Stromberg, Lisen. 2017. *Work Pause Thrive.* Dallas, TX: BenBella Books.

Thompson, Derek. 2009. "It's Not Just a Recession. It's a Mancession!"*Atlantic*, July 9. https://www.theatlantic.com/business/archive/2009/07/its-not-just- a-recession-its-a-mancession/20991/.

Tomlinson, J. 2005. "Examining the Potential for Women Returners to Work in Areas of High Occupational Gender Segregation." Final Report to the Department for Trade and Industry, London, October. https://www.escholar.manchester.ac.uk/uk-ac-man-scw:75229.

Tronto, Joan C. 1993. *Moral Boundaries: A Political Argument for an Ethic of Care.* New York: Psychology Press.

Vagianos, Alanna. 2017. "The 'Me Too' Campaign Thas Created by a Black Woman 10 Years Ago." *Huffington Post*, October 17. https://www.huffingtonpost.com/entry/the-me-too-campaign-was-created-by-a-blackwoman-10-years- ago_us_59e61a7fe4b02a215b336fee.

Vincent, Carol, and Stephen J. Ball. 2007. "'Making Up' the Middle-Class Child: Families, Activities and Class Dispositions." *Sociology* 41 (6):1061–77. https://doi.org/10.1177/0038038507082315.

Wallace, Jennifer Breheny. 2014. "Should Children Be Held Back for Kindergarten?" *Wall Street Journal*, September 12, sec. Life and Style. www.wsj.com/articles/should-children-be-held-back-forkindergarten-1410536168. Thallace, Kelly. 2013. "Moms 'Opting In' to Thork Find Doors Shut." CNN, August 13. www.cnn.com/2013/08/13/living/parents-mothers-opt-to-work/index.html.

Walzer, Susan. 2010. *Thinking about the Baby: Gender and Transitions into Parenthood.* Philadelphia: Temple University Press.

Warner, Judith. 2014. "The Women's Leadership Gap: Women's Leadership by the Numbers." Center for American Progress fact sheet, 1–7. https://www.americanprogress.org/issues/women/reports/2014/03/07/85457/fact-sheet- the-womens-leadership-gap.

Weisshaar, Katherine. 2018. "From Opt Out to Blocked Out: The Challenges for Labor Market Re-entry after Family-Related Employment Lapses."*American Sociological Review* 83 (1): 34–60.

Wikipedia. 2017. "Occupational Prestige." Last modified January 2017. Accessed 2018. http s : //en.wikipedia . o rg /w/index. php?title=Occupational_prestige& oldid=759663304.

Williams, Joan C. 1999. *Unbending Gender: Why Family and Work Conflict and What to Do about It*. New York: Oxford University Press, USA.

Williams, Joan C., and Heather Boushey. 2010. "The Three Faces of Work-Family Conflict." Center for American Progress, January 25. https:// www.americanprogress.org/issues/economy/reports/2010/01/25/7194/ the-threefaces-of-work-family-conflict/.

Wolitzer, Meg. 2008. *The Ten-Year Nap*. New York: Riverhead Books.

Yin, Robert. 2003. *Case Study Research*. 3rd ed. Thousand Oaks, CA: Sage.

Zimmerman, Lauren M., and Malissa A. Clark. 2016. "Opting-Out and Opting-In: A Review and Agenda for Future Research." *Career Development International* 21 (6): 603–33.

Zolfagharifard, Ellie. 2016. "Should Women Explain Gaps in Their Resume after Raising a Family?" *Daily Mail*, May 20. www.dailymail.co.uk/ sciencetech/article-3601630/Should-women-explain-gaps-resumeraising-family-Controversial-study-says-honest-help-land-job.html.